图书在版编目（CIP）数据

史说长安. 魏晋南北朝卷 / 王效锋著. -- 西安：西安出版社, 2017.11（2021.4重印）
ISBN 978-7-5541-2593-9

Ⅰ.①史… Ⅱ.①王… Ⅲ.①西安—地方史—研究—魏晋南北朝时代 Ⅳ.①K294.11

中国版本图书馆CIP数据核字(2017)第265079号

史说长安·魏晋南北朝卷

SHISHUO CHANG'AN·WEIJINNANBEICHAO JUAN

主　编：	萧正洪
著　者：	王效锋
统筹策划：	范婷婷
责任编辑：	张增兰　宋丽娟　邢美芳
责任校对：	张忝甜
装帧设计：	冯　波
出版发行：	西安出版社
地　址：	西安曲江新区雁南五路1868号影视演艺大厦11层
电　话：	（029）85253740
邮政编码：	710061
印　刷：	永清县晔盛亚胶印有限公司
开　本：	889mm×1194mm　1/32
印　张：	7
字　数：	123千
版　次：	2017年11月第1版
印　次：	2021年4月第2次印刷
书　号：	978-7-5541-2593-9
定　价：	48.00元

读者购书、书店添货或发现印装质量问题，请与本公司营销部联系、调换。
电话：（029）68206213　68206222

史说长安

魏晋南北朝卷

萧正洪 主编
王效锋 著

西安出版社

序言

2018年是一个值得纪念的时间。

隋大业十三年（617年）五月，太原留守李渊起兵，七月进军关中，十一月攻占长安。次年五月，李渊代隋称帝，国号唐，改元武德，以长安为都城。这个在中国历史上影响重大的事件，到2018年恰好1400周年。当然，我们还可以由此上溯和下延，去寻找更多的重要的历史时刻。如果阅读史书，我们不难发现，在中国漫长的历史发展过程中，有许许多多杰出的人物、重要的制度和事件，都同长安（西安）有关，而李唐的建立，不过是其中一个事件而已，尽管后来的历史证明，它成了一个新时期的起点。事实上，自3100年前周文王、武王在沣水之畔建立都城丰、镐以来，在关中这个不算太大的地域里，发生过无数类似唐朝建国这样的能够从不同侧面体现文明进步的令人激动的故事。了解这些故事，一定可以令今人有所感悟。我们可以据之从一般意义上认识人类文明发展历程之艰辛曲折，亦能培养对如黄河、长江般源远流长的中国传统文化的特殊情感。

当然，无论以中国还是世界论，能够起到类似的历史与文化认知作用的地方不少。不过，长安还是有其特别之处。细究起来，从西周丰、镐到秦咸阳，汉、隋、唐的长安，再到明、清的西安，斗转星移，波谲云诡，其历程不可谓不曲折，而其文化内涵亦随时代演进而屡有变化，但总体而言，仍是相沿相袭，其因长期积累而形成的历史传统堪称根基深厚而且特色鲜明。中国历史上曾经做过都城或者发生过重要历史事件的地方多矣，但如长安这样传承既久、影响至大的，却也并不多见。

毫无疑问，长安作为历史上最具盛名的都城，其特色鲜明、内涵丰富，世所公认。即便从世界范围看，能够与之媲美的，亦为数不多。古代长安曾经集中了中国文化的精华，或者说，曾经是中华文化的典型代表。无论是其思想内容，还是其表达形式，皆堪称典范。要理解中国的历史及其同世界其他地区文明的关系，特别是解读中国制度文化的历史，离开了长安这座伟大的城市，恐怕很难找到正解。我们完全可以说，在当代中国，地理位置居中的西安，其实是理解中国传统与文化的一把钥匙。同时，长安在唐代以后的衰落，也提供了一个曲折发展历程的样本，其历史经验与教训足令后人沉思：如何适应新时代的挑战，以充满自信地保持自身的光荣与梦想？

这个光荣与梦想并不只是基于物质方面的表现。近代以来，随着社会的变迁，长安文化在许多人看来不过是一种久远的历史存在，光荣与梦想似乎只存在于记忆之中。国人和世界都不会不注意到古代关中的文化遗存。半坡的人面鱼纹彩陶盆、汉唐时代伟大的城垣和宏大的城市格局、博物馆里的金银器、分布于各处的帝王陵墓等等，都是人类极其宝贵的物质文化遗产。这些物质文化遗产当然是非常重要的，因为它代表了不同时代文明进程之中的璀璨与辉煌。不过，若我们仅仅重视这些多少属于外部性的表现，就可能失去对于内涵的准确理解，以至于偏离历史的本质。所以，我们也需要特别地重视长安文化的精神与气质。我们知道，历史上所有伟大的城市之所以千古留名，从根本上说，是因为其体现了某种足以反映时代特征的伟大思想和精神。我们说起长安，就会情不自禁地联想到汉唐气象，这说明长安具有有别于其他古代城市的特殊精神气质。而其空间格局和建筑的样式等等，在某种意义上说，只不过是其思想与精神气质的外在表现，是思想与精神气质的物化。

基于这样的认识，我们应当能够清晰地看到长安以及围绕其所发生的历史所体现出的特定思维方式、行为方式和时代特征。而本丛书，即是以时代为依据，试图从空间与时间两个方面，对长安及其相关的历史予以说明与解释。显然，长安作为历史文化的样本与典范，其意义包含了形而下和形而上，亦即物质与精神两个层面，本丛书的作者努力将这两个层面结合起来。一方面，作者以流畅而生动的语言，讲述了一系列引人入胜的故事；另一方面，揭示了内隐于历史过程之中的精神与文化特征。前者如一幅幅画卷，既有浓墨重彩，亦有意象白描；后者则如静夜之思，往往令人掩卷长息而感慨万千。我们从中能够看到，长安的历史演进所展现出的守正兼和的文化态度、推陈出新的制度性创设、持久的进取心、与时俱进的变革观念、立意高远的思维境界、具有宏大视野的文化包容气度，以及高标格的人文气质与精神，而并不总是萎靡不振和因循守旧，尽管这些特点也是王朝时代文化必然具有的重要属性，亦需要我们在阅读之中予以深刻的反思。

长安的历史进程还有一个重要的特点。正如我在前面已经提及的，它曾经在1000余年中作为王朝的都城而具有显赫的地位。可是，唐代以后，由于中国社会政治和经济的地理格局发生了重大改变，长安的命运由此中衰。在中国历史上，一个重要的城市长期繁荣且是全国的政治、经济、文化中心，甚至具有显著的国际影响力，后来竟然一蹶不振，陷入长期的落后境地，这种变化的轨迹是非常罕见的。明清时期，西安虽然也是西北重镇，但毕竟不同以往了。本丛书的作者也试图就此提出一些可资借鉴的思考。如果说，西安曾经经历了无可奈何花落去的旧日时光,那么今天,在新的时代中,那似曾相识的春燕如何能再次归来?

本丛书是为大众而写,但又基于较为严谨的学术思考。所以,作者们一方面力求语言生动,使作品具有较强的可读性;另一方面试图提出自己对于历史的独特认识,以解释历史发展的规律与社会变革的内在机制。由于各卷的作者思考各有特点,所以,各卷的风格与思考的角度亦颇有个性。这样的特点,似乎也有好处,因为它可以让阅读过程充满变化。在我看来,这倒也同历史过程相合,因为历史本身就是一个多元文化交汇而丰富多彩的进程。

值此《史说长安》丛书付梓之际,写此数语,以代序言。

萧正洪

(中国古都学会会长)

2017年12月20日

第三章

帝国的崛起——关陇集团与长安的复兴

一 雄才大略的"灭佛"皇帝——拓跋焘与长安 105

二 "王子"复国记——萧宝寅与长安的齐政权 115

三 鲜卑大帝国的分裂——西魏宇文泰建都长安 125

四 帝国基业——府兵制与关陇集团的形成 134

五 统一帝国的奠基者——北周武帝的文治武功 142

六 南北分治归于帝国一统——杨坚代周建隋 152

四 英雄末路淝水岸——苻坚"帝国梦"的破灭 073

五 "无耻"皇帝与一代明君——姚苌父子的后秦政权 084

六 东晋复国梦的绝唱——刘裕收复长安与北伐失败 093

目录

第一章 『英雄』的黎明——短暂统一进程中的长安

一 引『狼』入室——董卓之乱与长安『无复人迹』 003

二 『乱世枭雄』之崛起——曹操与长安 011

三 『雄秀』兴起于西北——马腾、马超父子割据『三辅』 021

四 『出师未捷身先死』——诸葛亮进取关中的失败 028

五 灭蜀平吴皆有功——文武全才『杜武库』 036

第二章 群『狼』共舞——异族南下与乱世长安

一 贪欲的恶果——『八王之乱』与晋愍帝暂都长安 047

二 长安的匈奴王朝——刘曜与前赵 057

三 『树犹如此，人何以堪』——桓温进取关中 065

第四章 文化更生——民族融合中的绚丽文化

一 乱世悲歌——建安文学与古都长安 163

二 侨居汉地的天竺佛学大师——鸠摩罗什与草堂寺 174

三 伟大地理学家的悲惨命运——郦道元与长安 181

四 身在异乡『哀江南』——庾信与颜之推 189

五 多民族融合下的文化——『胡化』与『华化』的二重变奏 198

结语 208

第一章 「英雄」的黎明
——短暂统一进程中的长安

东汉末年,张角以"苍天已死,黄天当立,岁在甲子,天下大吉"为口号发动黄巾起义。从此,天下大乱,群雄并起,杀伐不断,民不聊生。已经不是政治中心、偏居西北的长安也未能幸免。赤壁之战后,曹操进军关中,从此关中成为魏蜀两国交锋的前线,长安也成为魏国对抗蜀国的军事重镇。

一、引"狼"入室

——董卓之乱与长安"无复人迹"

新莽末年至更始年间，西汉长安城的内外建筑，包括城墙、城门、道路、宫殿建筑等已经严重损毁。东汉时长安城作为一个地区行政中心，政府虽对长安故城有所营建，但仍以修葺旧宫为主，整体布局没有太大变化。东汉末年的连年战乱又使得残存建筑受到了进一步的损毁。虽然史书中关于东汉以后长安城市建筑的记载并不多，但是战争对于长安城的破坏却史不绝书，其中最严重的莫过于董卓之乱。

黄巾大起义摧枯拉朽，给摇摇欲坠的东汉王朝沉重的打击。战争导致家园荒芜，流民遍野，世家大族和官僚贵族却坐收渔利。东汉朝廷为了苟延残喘，不惜饮鸩止渴，赋予地方刺史与太守统军权。于是，地方豪强、官僚贵族也开始招兵买马，肆意逞强，中国进入一个豪强割据的时代。

中平六年（189年），汉灵帝死，少帝刘辩即位，政权操持于大将军何进（何太后兄，少帝舅父）之手。但是，新组建的国家最高军事统帅部——"西园八校尉"却被宦官控制，作为大将军的何进也要受其指挥。这是何进无法容忍的。要获得最高军事指挥权，就必须彻底消灭宦官势力，但是这一举措是一着险棋，遭到受惠于宦官的何太后的反对。不甘罢休的何进密诏并州牧董卓率军进京勤王。

董卓，字仲颖，祖籍陇西临洮（今甘肃省岷县），生于顺帝永建七年（132年）。其父名董君雅，为颍川轮氏（今河南登封市西南）县尉，董卓即出生于此，后随着父亲离职而回到故乡。董卓家乡处于边地，有多个民族杂居，战乱不息，因此民风彪悍。在这种环境下，董卓也是武力过人，据《三国志·董卓传》记载，他在马的两侧都挂有箭壶，可以左右开弓，在飞驰的马背上射箭。董卓少年时期曾经离家出走，在羌族地区游历，结识了不少羌族领袖。因其有侠义之气，为人豪爽，得到羌人的敬重。董卓的父亲只是一个县尉，可以说是出身低微，在那个通过察举和征辟举荐人才的时代，他很难脱颖而出，只能从基层干起。直到30岁的时候，董卓才被凉州刺史征召为"兵马掾"，负责地方治安。当时匈奴人经常侵扰边境，掠夺百姓。董卓凭借自己的才能，多次大败匈奴人，因此，他被举荐到洛阳担任羽林郎。后来，董卓又通过镇压叛乱的羌人，先后做过广武令、蜀郡北部都尉，随后因功升迁为西域戊己校尉，但不久被罢官。黄巾起义爆发后，董卓被朝廷任命为东中郎将。但是董卓的军事表现并不出众，先是举兵不前，后又因贸然决战，大败于下曲阳（今河北晋州市西北），随后被二次罢官。不久，北地的先零羌联合流民发动暴动，拥戴韩遂为首领，威胁关中。董卓被第三次起用，任中郎将，接着被升迁为破虏将军。因为镇压羌人有功，董卓被封为邰乡侯，享受千户租税的供养，屯兵于西凉，成为汉末西凉军的领袖。

董卓在进京途中对东汉朝廷诡谲多变的政治形势并不知悉。到了离洛阳不远的夕阳厅，他给大将军何进修书一封，说他暂时屯驻于此，如果何进可以诛杀宦官，他就撤军回西凉；如果何进在处理宦官问题上犹豫不决，他就率军进入洛阳，亲自诛灭宦官。当年八月二十五日，何进诛灭宦官的行动迟迟不能施行，结果东窗事发，宦官假借何太后之名，将何进诱骗到长乐宫，在嘉德殿将其杀害，并且挟持了少帝刘辩。何进部将吴匡、张璋获得何进死讯后，联合虎贲中郎将袁术开始进攻皇宫，解救少帝。临近黄昏，袁术焚毁了南宫的青锁门。战乱从皇宫扩展到了整个洛阳城，局势变得不可控制。太傅袁隗与其侄袁绍矫诏诛杀投靠宦官集团的樊陵、徐相，又在朱雀门联合何进的弟弟车骑将军何苗斩杀了中常侍赵忠等。但是，吴匡怀疑何进之死与其弟何苗有关，于是联合董卓之弟奉车都尉董旻杀掉了何苗。然后，袁绍封锁了北宫门，开始向内宫冲击。攻入内宫的袁绍率领禁军大肆诛杀宦官，连没胡子的人都受到了波及，这次行动中一下子杀了2000多人。东汉以来困扰政局的宦官问题就以这种粗暴的方式得到彻底解决。但"前门刚去虎，后门又进狼"，"请神容易送神难"，董卓加紧进兵洛阳，东汉政权的危机才刚刚开始。

八月二十五日夜，洛阳宫中大乱的消息传到了董卓军营。董卓即刻率军向洛阳进发，二十八日凌晨抵达洛阳。董卓在显阳苑看到了皇宫的熊熊大火，但是并没有立刻赶往皇宫，而是分兵包围了公卿住所，扼制了动乱的根源，然后率领大臣及轻骑500人，至北邙山下迎接皇帝。有大臣劝诫董卓，说见驾不能带兵，董卓训斥说："你们这些人作为国家的栋梁之臣，却不能匡正王室，致使国家陷入动乱，有什么理由阻止我带兵呢！"

董卓迅速掌控朝中大权，废黜少帝，杀了何太后，扶立陈留王刘协为汉献帝。董卓被东汉王室封为太尉，领前将军事。后来又被封为郿侯，进位相国。董卓进入洛阳后，也试图除旧布新，有所作为。他为"党锢"领袖平反，提拔名士为官，甚至不计前嫌，对于弃官而走的袁绍等人也授予太守之职，以示和解。然而，董卓军队成分复杂，军纪涣散，发生了许多奸淫掳掠之事。掌控东汉政局后，董卓不免志得意满，专横跋扈，虐刑滥罚，以致世家大族十分恐慌，内外官僚战战兢兢，深感朝不保夕。初平元年（190年）正月，董卓下令毒死了废少帝，即弘农王刘辩，遭到公卿的反对。

同年，关东州郡官员共同推举袁绍为盟主，讨伐董卓。二月，董卓计划迁都长安。董卓命令兵士驱赶洛阳民众搬迁，搜刮民财，导致大量百姓丧命。他还将洛阳的金珠宝器、文物图书一起带走，致使兰台（东汉国家图书馆）藏书损失严重。董卓害怕洛阳成为"义军"讨伐自己的基地，还实行坚壁清野政策，焚烧宫庙、官府和民居，使得繁盛的洛阳城毁于一旦。董卓还指使吕布挖掘帝王、公卿的陵墓，以获取珍宝。他与袁绍联军在洛阳展开大战，导致昔日富庶的洛阳周边地区房倒屋塌，田地荒芜，经济凋敝，200里内几乎没有人烟。

四月，董卓抵达长安，使得荒废已久的长安出现暂时繁荣。据《后汉书·董卓传》记载，董卓迁都长安后，长安城只有高庙和京兆府官舍可以居住，因此董卓大兴土木，修缮未央宫，稍微恢复西汉长安城皇宫的规模和气象。另外，董卓从洛阳迁来的大量人口，也使得长安城居民数量大量增加。董卓还在郿（今陕西眉县东渭水北）修筑了"万岁坞"来存放从洛阳搜刮而来的财物，据说积攒的谷物可用30年。他认为如果能够雄踞天下更好，如果不行，守住长安终其天年也不错。

董卓控制下的长安政权完全沦为其傀儡，其授意朝廷封他为太师，地位在诸侯王之上，车服仪饰拟于天子，暴露了他对权力的贪婪欲望和不臣之心。董卓还排斥异己，任用亲信，树立党羽，将宗族子弟都封以侯爵。董卓明白"治乱世须用重典"，为了压制反抗力量，刑法苛酷，推崇告发，诛杀关中旧族，使得世家大族和官员人人自危。同时，为了聚敛钱财，又废止了五铢钱，滥发"小钱"。"小钱"制作粗糙，百姓不愿意使用，这就造成严重的通货膨胀，激起了民怨。

多行不义必自毙，董卓构建的威权统治终究不能长久，最终祸起萧墙。太原祁人（今山西祁县）王允时任司徒兼尚书，尽管不得不委身董卓，甚至曲意逢迎，但是对董卓的倒行逆施极为不满，一直隐忍不发。暗地里，王允积极组织反董卓的力量，利用董卓集团内部的矛盾，联络以勇武闻名的董卓部将吕布，图谋诛杀董卓。初平三年（192年），吕布派遣自己的亲信守卫在北掖门刺杀董卓。董卓臂部受伤，大叫："吕布安在？"吕布却拿出诏书说"有诏讨贼臣"，就刺死了董卓。

董卓死后，愤怒的长安民众将他暴尸东市，守尸吏把点燃的灯捻子插入董卓的肚脐眼中，点起天灯。因为董卓肥胖脂厚，燃烧的时候，据说"光明达曙，如是积日"。董卓死后，长安城内一片欢腾，百姓纷纷走上街头，载歌载舞，高呼万岁。痛恨董卓的人甚至将衣服和首饰卖掉来置办酒肉，相互庆贺。朝廷从郿坞搜出藏金达二三万斤，银八九万斤，绸缎、奇玩堆积如山。

王允利用董卓军事集团内部的矛盾杀死了董卓，却没有处理好善后事宜。此时，董卓部众已经在长安周边聚集了10余万大军。不自量力的王允却不愿意赦免董卓的党羽，坚持要将其解除武装。董卓的部将没有听到朝廷大赦的消息，都惶恐不已，认为王允偏袒关东军，西北军一旦解兵，很快就会沦为阶下囚。于是，董卓残部李傕、郭汜联合起来，攻破了长安，杀死了王允。

董卓由社会底层发迹，一生崇尚暴力，为人残暴，满怀私欲和野心。《三国志·董卓传》评价道："（董卓）凶狠残忍，暴虐无情，自有文字以来，大概绝无仅有。"宋代苏东坡也感慨道："衣中甲厚行何惧，坞里金多退足凭。毕竟英雄谁得似,脐脂自照不须灯。"当然,董卓得罪了世家大族,又惨遭失败,于是名声就更加的不堪。事实上,董卓靠着机缘巧合,掌控了东汉政局,无疑触动了以袁术、曹操为代表的世家大族的利益。董卓想利用武力、刑法和恐惧让掌握军队、话语权的世家大族屈服,却加速了败亡。更令人痛惜的是诛杀董卓的王允错失了历史时机,不能妥善处理董卓之后的乱局。大概突然到来的胜利会使人失去理智,会将自身性格的弱点放大,妒忌、狭隘以及仇恨,都会蒙蔽自己的理智,如王允执意诛杀文士蔡邕。这些被推到历史前台的"幸运儿"不但未能制止历史的车轮滑向深渊,还错上加错,加速了东汉王朝的灭亡。

二、"乱世枭雄"之崛起
——曹操与长安

与出身于草莽的董卓不同，曹操据说是汉朝开国功臣曹参的后人，家世极为显赫。曹操的父亲曹嵩是宦官中常侍曹腾的养子，但也有人说曹嵩是曹腾从本家过继来的，或是夏侯氏之子，真相不得而知。曹嵩拥有世袭的侯爵，并且正赶上汉灵帝"西园"卖官，因此花了一笔巨款，买了一个太尉之职，可见曹家不只是官宦世家，还是富豪之家。曹氏家族子弟多出任地方长官，占据地方州郡，权势熏天。因此，曹操是典型的含着"金钥匙"出生的"官+富二代"。

曹操，字孟德，沛国谯县（今安徽亳州）人，为曹嵩长子。据《三国志注》转引《曹瞒传》等记载，少年时代的曹操是个典型的浪荡公子，既不喜欢钻研学问，也不注重品行修养，整日不修边幅，游手好闲；喜欢飞鹰走狗，射猎游艺；任性好侠，惹是生非。（作者裴松之很可能采用了南方诋毁曹操的史料）同时，作为宦官的后代，曹操又被称为"赘阉遗丑"，为士人、豪强所轻视。

由于家世显赫，依靠祖父和父亲的庇护，曹操刚满20岁就得到州郡长官的推举，被举荐为"孝廉"。接着，他出任济南国相，试图有所作为，但是最终得罪权贵，罢官归乡。后来，东汉政府组建新军，曹操出任了"西园八校尉"之一的典军校尉，顶头上司则是当年的青年才俊——袁绍。

曹操年少时狂放任性，不拘小节，并不影响其成年后有大作为。东汉末年著名人物评论家许劭评价曹操道："子治世之能臣，乱世之奸雄。"确实，许劭对曹操的评价和预测极为中肯。当然，作为古代著名的政治家和军事家，同时也是文学家、书法家，其成功依靠的不仅是显赫的家世，以及常人不可企及的机遇和运气，要成为一代"奸雄"，与其禀赋和成年后的不懈努力是分不开的。

曹操作为一个宦官的子孙，从中获得了巨大的政治好处。但是，东汉末年，宦官集团已经腐化、没落，和其绑在一起注定毫无政治前途。曹操需要做的是"漂白"自己，成为士大夫阶层的一员。事实上，曹操也参与了何进诛杀宦官的密谋。只是和袁绍杀尽宦官的激进主张不同，曹操认为应该除其首恶，这是比较明智和现实的。因为宦官作为皇权的衍生物，皇权不倒，杀尽宦官又有何用！加之宦官掌控中央兵权，要诛杀宦官，必然需要地方军事力量参与，这不是引狼入室吗？

和大多数有识之士一样，看到凉州军的暴虐和贪婪后，曹操果断拒绝了董卓给予的高官厚禄，成为反董卓集团的一员。当时，曹操获得陈留孝廉卫兹的资助，集结了五千兵马，依附陈留太守张邈，驻扎在酸枣（今河南延津南）。袁绍主导的反董卓联军力量比董卓军要弱得多，都在围观，不愿率先出战。当时，年仅35岁的曹操血气方刚，尚缺乏职业政治家的老练和沉稳。听说董卓破坏洛阳，谋害了昔日天子，胁迫汉献帝和民众迁都长安，不禁血气上涌，决定不惜一切代价与董卓进行决战。曹军到达荥阳汴水的时候，与董卓军遭遇，结果大败，曹操被流矢所伤，仓皇逃离战场。可悲的是，友军并没有被曹操勇往直前、为国死战的激情所感召而投入战斗，只作壁上观。经历这次严重的挫折，曹操又到扬州、徐州等地招募了几千人，北上渡过黄河，进入河内（今河南武陟西南），归反董卓联盟盟主袁绍指挥。

曹操通过镇压黄巾军与参加反董卓联盟，为自己积攒了相当雄厚的军事和政治资本，在东汉末年群雄纷争中最终脱颖而出。一方面，曹操通过镇压黄巾起义，将起义军精锐整编后不断充实自己的军力，尤其是组成了所谓"青州兵"，为其后来统一北方提供了强大的生力军；另一方面，曹操又通过参与反董卓联盟，彻底划清了与东汉没落宦官集团的关系，成为士大夫阶层的核心成员。

董卓被诛杀之后，袁绍领导的反董卓联盟失去了存在的意义，于是昔日的盟友逐渐变成了对手，彼此为了权力和领土混战不已。同样，关中的董卓集团也陷入一片混乱。东汉王室的命运则更加悲惨，董卓当权之日尚且可以战战兢兢做傀儡，如今落入董卓残部手中，尊严荡然无存。史载，献帝住在以荆棘为篱笆的房子中，窗门不能关闭，群臣议事，就借茅舍作为朝堂，士兵们趴在篱笆上观看，相互拥挤取笑。后来，汉献帝与群臣逃到洛阳，由于物资匮乏，生命受到直接威胁，城中没有粮食吃，献帝派人向州郡征求，十无一应。自尚书郎以下的官员亲自出城去采野谷子充饥，有的甚至朝不保夕，饿死的事例并不鲜见。正当群雄将汉献帝"弃之如敝履"的时候，曹操却看到了汉献帝的价值。建安元年（196年），曹操将汉献帝迎到许昌，从此，"挟天子以令诸侯"，以汉家天子的名义发号施令，诛讨不服，在群雄纷争中占据极大优势。

在曹操统一北方的过程中，河北（包括黄河以北的兖州和豫州等）最先完成统一，关中地区的真正统一则是赤壁之战后的事了。董卓死后关中一片混乱，既有李傕、郭汜、樊稠、张济等董卓残部，又有割据凉州的马腾、韩遂势力，双方互相仇视、对峙。兴平元年（194年），双方战于长平观下（今长安区附近），凉州兵大败，被迫离开关中。凉州马腾、韩遂虽然战败，但是采用离间计，使得董卓残部之间相互倾轧，大开杀戒。先是李傕刺杀了樊稠，接着又与郭汜攻杀，彼此混战不已。董卓残部的内斗破坏力巨大，导致长安城内"死者枕藉"，原有数十万人口，此时竟然"城空四十余日"，以后"二三年间，关中无复人迹"。但是，为祸关中的董卓部将也最终不得善终，张济为筹措军粮，混战而死；郭汜被部将所杀；李傕也被部将段煨诛杀，传首许昌。董卓势力最终土崩瓦解。于是，马腾、韩遂再次乘虚而入，进入关中，但是二人不和，互相攻击。

面对关中的混乱局面，曹操极为痛心。官渡之战前，曹操派遣治书侍御史卫觊视察关中，考察关中诸军的态度，发现其多持中立态度。经荀彧推荐，任命侍中钟繇为司隶校尉，代表东汉朝廷治理关中。钟繇到任后，贯彻卫觊的政策，用盐利换取耕牛，将其提供给返回关中的战争难民，奖励耕作，逐渐恢复关中的经济，努力实现国富民强；同时钟繇尽力化解马腾、韩遂之间的矛盾，于是关中暂时获得安宁，民众获得休养生息的机会。建安五年（200年），官渡之战的关键时刻，治理关中的钟繇将2000匹战马送给曹操，曹操回信说："得到送来的马匹，很是应部队的急需。关右地区平定，朝廷没有西顾之忧，都是足下的功勋。当年萧何镇守关中，粮草充足，以至大军获胜，也不过与您的功劳相当。"可见，曹操对钟繇治理关中给予很高的评价，认为关中政治的稳定不仅有利于其专心统一天下，不受掣肘，而且将钟繇治理关中与萧何支持刘邦定鼎天下相比，说明关中的重要地位，其政治稳定与经济恢复为统一北方提供了强大的物资支持。由于曹操暂时稳定了关陇地区，没有后顾之忧，于是先后打败了割据九江的袁术、占据河北的袁绍和盘踞荆州的刘表。由于曹操在赤壁之战中遭到惨败，与孙权、刘备形成了三足鼎立的局面。

建安十五年（210年），曹操开始着手解决关中诸将"外虽怀附，内未可信"的状况，先以卫尉之职征召马腾入朝，其实就是将其当作人质，令其子马超继领其军。次年三月，曹操以讨伐汉中张鲁的名义借道关中。看出曹操"项庄舞剑，意在沛公"，韩遂、马超随即宣布反叛，拥军10万据守潼关。曹操劝降韩遂、马超无果后，令大将徐晃、朱灵突袭河西，亲率主力绕过潼关，进入渭北。韩遂、马超不得不放弃潼关，退守渭口（在今潼关北）。曹军步步为营，渡过渭河，在渭南筑营固守，与韩遂、马超隔河对峙。同时，曹操将河东的粮

三国鼎立形势图

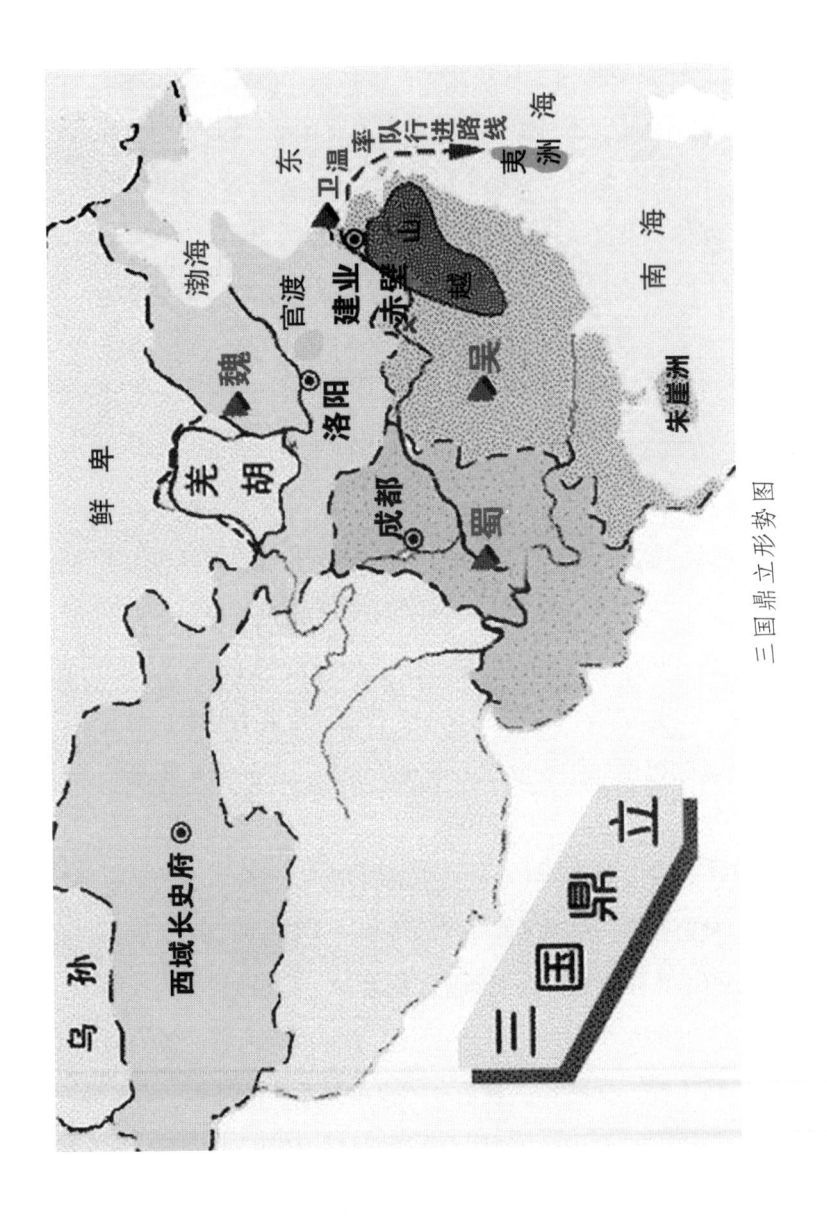

草源源不断地运到渭水北岸，以作长久相持；还用离间之计，使韩遂、马超彼此产生猜忌，最终一举击败韩遂、马超，占领关中。十月，由于河间（今河北献县东南）发生叛乱，曹操不得不东还，令夏侯渊、徐晃等继续围剿韩遂、马超残部，并驻守长安。

曹操离开长安后，任命议郎张既为京兆尹，掌管长安民政。张既原为高陵(今陕西高陵)秀才，因才学出众，得到曹操重用。张既到任后，征召流民，不断充实长安的人口；鼓励流民开垦荒芜的土地，恢复生产；修复城墙和官署，加强长安的城防；还令民间积极举荐官员，充实官僚队伍。通过上述一系列措施，曹操统治下的长安地区经济得到一定恢复，政治局势逐渐稳定。不久，张既被任命为雍州刺史，治所为长安。

建安二十年（215年），曹操再次取道关中，讨伐盘踞汉中的张鲁政权。曹操从陈仓（今陕西宝鸡东）出散关（今陕西宝鸡西南），击败张鲁弟统率的1万余人，攻占阳平关（今陕西勉县西北）。无险可守的张鲁被迫投降，结束了其30年的统治。曹操占领汉中之后，野心不断膨胀，遂生得陇望蜀之心。张鲁政权作为魏蜀之间的军事缓冲，其覆亡引发了割据蜀地的刘备的强烈不安，蜀将杨洪就说："汉中是益州的咽喉，存亡相依，如无汉中，就等于无蜀，这是家门口的祸福。"于是，刘备派遣大将张飞阻截进入蜀地的曹军，大败曹军主将张郃，曹操被迫从蜀地撤军，最终放弃入蜀的打算。不久，曹操令夏侯渊驻守汉中，自己则返回邺城，因功勋卓著被汉献帝封为魏王。

建安二十二年（217年），刘备趁曹操返回邺城，汉中兵力空虚，于是进攻汉中。次年九月，曹操再次率军进入关中，坐镇长安。由于曹操爱将夏侯渊被蜀将黄忠斩杀，魏将固守待援。建安二十四年（219年）三月，痛失爱将的曹操怒发冲冠，率军由褒斜道进入汉中。由于曹军远道而来，蜀军以逸待劳，曹军死伤惨重。同年五月，曹操下令撤军回到长安，汉中得而复失，遂为刘备所有。

事实上，尽管曹操轻易消灭了汉中的张鲁政权，但是汉中地势险要，与关中尚且有秦岭阻隔，更不用说遥远的魏都邺城了。对于曹操而言，汉中就如"鸡肋"，"食之无味，弃之可惜"，去守令其犹豫不定，虚耗军力。但是，对于蜀汉来说，汉中是进入蜀地的门户，存亡攸关，势必竭力守护。加之蜀军据险以守，可以逸待劳；曹军长途奔袭，必然粮饷不继，士气不振。同时，东吴应刘备要求，从东线发动攻击。因此，为了避免两线作战，主力被长期牵制在西线，曹操放弃汉中是必然的，也是明智的。

建安二十四年（219年）十月，曹操离开长安返回洛阳，但因为长安故都乃三辅重地，此时又处于抵御刘备的前线，于是任命爱子曹彰镇守长安，统率关中诸军。3个月后，已经66岁的曹操在洛阳身染重病，因病去世，结束了自己的戎马生涯。

曹操作为中国古代杰出的政治家，对关中和长安古都的战略地位极为重视。为了完成统一中国北方的重任，他大量选任得力官员经营关中和长安，对于饱受战乱之苦的长安而言，在经济恢复和政治稳定方面皆贡献巨大。同时，作为杰出的军事家，为了实现关中和长安的长治久安，他不顾个人安危，曾经三次进入关中和长安地区，在三辅大地上留下金戈铁马、纵横疆场的英武雄姿，理应受到后人的敬重。

三、"雄秀"兴起于西北
——马腾、马超父子割据"三辅"

有诗曰："若论风貌诗书品，雄秀当推锦马超。"可见三国时代的马超备受国人推崇。在《三国演义》及民间文学中，马超容貌俊秀，英姿勃发，着狮盔兽带，披白袍银甲，故而有绰号"锦马超"。马超是当时威震北方的猛将，曾经逼使曹操"割袍断须"，有"不减吕布之勇"，实乃三国英雄中的翘楚。事实上，马超能够威震关陇，与其父马腾长期经营有关。在历史上，马腾、马超父子率领氐、羌民族组成的"凉州兵"长期活动于关中、陇西地区，对东汉末年的政治、军事格局产生了重大影响。

马腾，字寿成，扶风茂陵（今陕西兴平东北）人，据说是东汉伏波将军马援的后人。其父马子硕，曾经是天水郡兰干县尉，后来流落陇西，与羌人女子通婚，生子马腾。马腾少时贫苦，无以为业，经常从彰山砍柴，挑到城里去卖，借此谋生。马腾作为汉、羌"混血儿"，体格魁伟，长相非凡，并且仗义、贤良，得到当地羌人的爱戴。东汉末年，凉州氐、羌发动起义。马腾响应朝廷号召，毅然从军，因镇压起义有功，出任凉州军司马。

董卓从洛阳迁都长安后，曾经邀请马腾一起对抗反董卓的联军。初平二年（191年），马腾率军进入关中。此时，董卓已死，部将李傕等人掌权，封马腾为征西将军，屯驻于郿（今陕西眉县），近踞关中，远控凉州，威震西北。很多氐、羌将士也扶老携幼进入关中。马腾挑选精壮，组成几万人的"凉州兵"。凉州兵擅长使用长矛，勇猛异常，锐不可当，成为后来马超与曹操在关中分庭抗礼的资本。

兴平元年（194年），马腾与李傕矛盾激化。马腾父子联合屯驻金城的镇西将军韩遂，发动凉州兵在郿县起兵。马超（字孟起）此时已是18岁的英俊少年，自幼熟读兵法，武艺高强，骁勇无比，并且平时礼贤下士，善待士卒，得到凉州军众将的拥戴。马腾联络朝臣种邵、马宇、刘范等诛杀李傕，结果事情败露，于是屯驻槐里（今陕西兴平东南）。李傕派军出击，马腾、韩遂败走，退回凉州。

之后，李傕与郭汜相互攻击，三辅动乱不已，马腾父子暂时放弃东进的计划。当时的关中、陇西地区，有十几股军阀割据，其中以马腾、韩遂势力最强。建安四年（199年），曹操派遣侍中钟繇代理司隶校尉，节制关中诸军。钟繇到了长安之后，修书晓以利害得失，马腾父子欣然归顺。

建安七年（202年），官渡之战大败后的袁绍病逝。其子袁尚与河东太守郭援、匈奴南单于呼厨泉结成联盟，打算联合关陇的马腾、韩遂一起反曹。马腾一时难以抉择，于是假意同意。此时，钟繇奉曹操之命在平阳（今山西临汾）与匈奴南单于呼厨泉交战，郭援率领数万人援助匈奴南单于，导致钟繇军极为危急。钟繇派遣使者张既游说马腾，晓以利害，马腾最终决定帮助曹军，派儿子马超带领万余人去援助钟繇。马超早年跟随马腾转战凉州、河东、关中等地，多经战阵的历练，已经具备了较高的军事指挥能力。马超作战十分勇猛，击败了郭援军，史载："（马超）为飞矢所中，乃以囊囊其足而战，破斩援首。"于是，曹操拜马腾为征南将军，韩遂为征西将军。这一战也展现了马超的卓越军事才能，因此史籍评价马超说："氐、羌率服，獯鬻慕义，以君信著北土，威武并昭。"（《三国志·马超传》）

此后，马腾、韩遂二人变为仇敌，相互攻战。曹操派人调解，封马腾为前将军，屯驻槐里，假节，封为槐里侯。赤壁之战后，三国鼎立局面已经形成。曹操自觉统一天下没有希望，转而致力于经营关陇地区，马腾父子则成为清除的首要目标。在高官厚禄的名义之下，迫于压力的马腾被召入朝，率领亲族来到邺城。曹操觉得将马腾调离凉州，年轻的马超应该不足为虑。加之曹操将马超的父亲与亲族扣为人质，马超必然"投鼠忌器"，不敢与其公开对抗。不久，曹操以借道关中讨伐汉中张鲁为借口，与韩遂、马超在潼关和渭水沿岸展开多次大战，其间多次令曹操险象环生。最终曹操占领关中，并用计离间马超、韩遂，才使马超被迫退归凉州。

曹操深知马超在凉州的巨大影响力，对其勇武和谋略极为畏惧，清楚其随时都可能与自己争锋关中，因此不禁感叹道："马儿不死，吾无葬地矣！"恼羞成怒的曹操下令将马腾全家200余口处死，其中包括马超的两个弟弟马休和马铁，以发泄自己潼关兵败之恨。曹操这一举动回应了马超对其的强硬态度，也表明了双方的彻底决裂。

马超败退到凉州之后，围攻冀城（凉州州治，今甘肃甘谷县西南），凉州刺史韦康在援军无望的情况下投降。冀城之围的胜利，导致百顷氐王杨千万与兴国氐王阿贵响应马超。马超自称征西将军，领并州牧，督凉州军事，割据陇上。马超怀着对曹操杀父灭族的深仇，整顿凉州兵马，致使夏侯渊不敢贸然西进。

建安十八年（213年），韦康旧部杨阜等起兵，攻占马超的根据地——冀城，杀马超妻子、儿女。此时，夏侯渊也乘机率军进入凉州。次年，马超进退失据，只得南下投奔汉中的张鲁。张鲁鉴于马超的威名，封其为都讲祭酒，并打算招马超为婿，加以重用。但有人向张鲁进言：像马超这种人，连自己的父亲、兄弟都不爱不顾，对别的人还会有真心吗？于是，张鲁反悔了，不再厚待马超。

在汉中不受器重的马超向张鲁借兵，准备反攻凉州，收复故土。但马超初战不利，率军围攻祁山一月，未能攻克。不久，夏侯渊派遣张郃率军来援，马超丢弃武器、辎重吸引魏军，趁机撤军。马超被阻挡于关陇之外，壮志难酬，又因才能出众，受到张鲁部将杨白的妒忌。杨白试图加害马超，于是马超逃入氐中。此时，刘备率军入川，久攻成都刘璋而不下。刘备秘密派人联络马超，对张鲁已然失望的马超请求归附。

建安十九年（214年），马超率凉州兵秘密离开汉中，开往益州，投奔了求贤若渴、想要复兴汉室的刘备。刘备听说马超归附，指派一支军队归马超统率，令其合围成都。马超率军直抵成都，屯于城北，刘璋慑于马超威名，不到10天就开城投降。马超为刘备夺取益州建立了功勋，被授为平西将军。建安二十二年（217年），刘备与曹操争夺汉中，马超策动氐族雷定七部万余人归蜀，以牵制曹军。

魏黄初二年（221年），刘备在益州称帝，改元章武，建立了蜀汉政权。刘备封马超为骠骑将军，领凉州牧，为"五虎上将"之一，名列关羽、张飞之后，地位尊崇。由于长期的戎马生涯和劳苦奔波，加之父仇未报，壮志难酬，正当壮年的马超竟身染重病，于刘备称帝后的次年亡故，终年仅47岁。

马超病故后被葬于陕西勉县定军山附近，与诸葛武侯墓毗邻，今天又称马超庙或马公祠。马超墓北依雷公山，南临汉江，依山傍水，风景优美。马超墓祠整体分为前后院，被汉惠渠隔开。前院有正殿、汉中争霸展、马超生平展三殿；前后院中间有石板桥，被命名为"风雨桥"；后院为马超墓地，为汉制覆斗形，周长90米，冢高8米，蔚为壮观。墓前有内容相同的墓碑二通，上刻隶书"汉征西将军马公超墓"，为清乾隆时兵部侍郎兼副都御史、陕西巡抚毕沅所书。

马超英年早逝，壮志难酬，令人可叹！马超在汉中难以获得张鲁的信任，到了蜀国也并不如意。诸葛亮曾对刘备说"孟起（马超）兼资文武，雄烈过人，一世之杰"（《三国志·蜀书六》），评价毫不为过。但是，诸葛亮话锋一转，接着又说马超是"黥、彭之徒"，就是说马超是西汉英布和彭越之类的人。这个评价就极为关键了，因为英布和彭越虽然勇猛，与韩信并称汉初的"三大名将"，但是都因谋反罪被杀。可见，马超在蜀国虽被推崇，但最终不能被蜀国君臣所信任。而导致猜忌的一个重要原因，就在于其背父弃弟，一意孤行招致全家灭门的不义之举，在强调忠义、孝道的战乱时代，这被看得尤为重要。

四、"出师未捷身先死"
——诸葛亮进取关中的失败

在今日岐山县南棋盘山和渭水之间，坐落着使三国时期著名政治家和军事家诸葛亮饮恨关中的五丈原。五丈原距离长安120千米，其东西两面为河流冲击形成的深沟，地势险要，易守难攻，是蜀汉进入关中的重要通道，因此有"高平广远，行军者必争之地"的记载。诸葛亮"六出祁山"，本来计划占领陇右，稳扎稳打，蚕食魏国西部领土，最终攻占长安，进而与曹魏逐鹿中原。然而"出师未捷身先死"，诸葛亮病逝于五丈原，五丈原从此就和诸葛亮永远联系在一起。

诸葛亮，字孔明，琅邪阳都（今山东临沂市沂南）人。东汉末年，诸葛亮隐居邓县隆中（今湖北襄阳西），耕读之余，亦关心时局变化，自比于管仲、乐毅

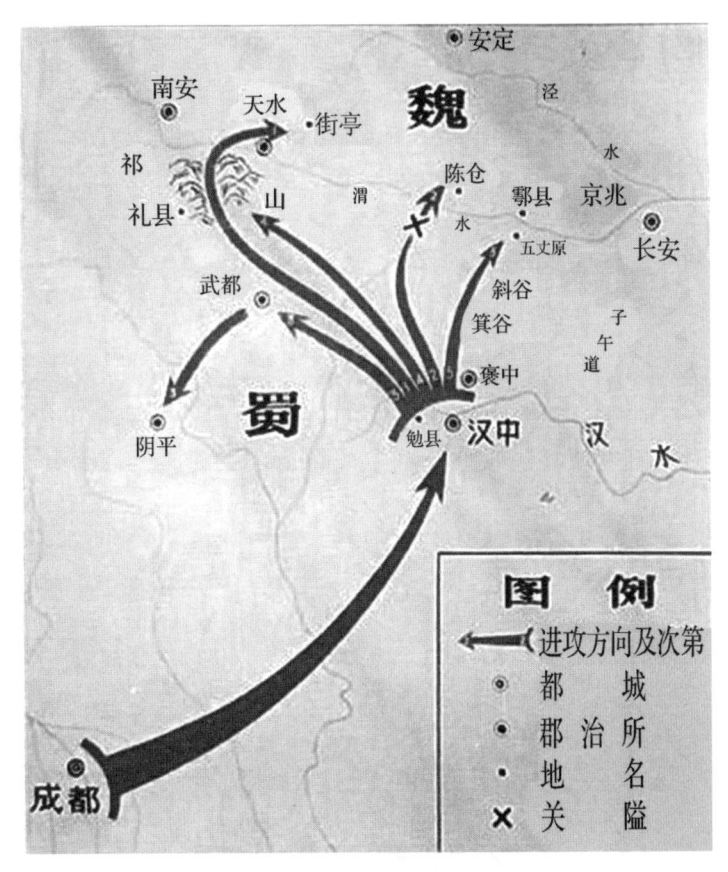

诸葛亮北伐

五丈原地理位置

之辈，被称为"卧龙先生"。当时，刘备依附于刘表，屯兵新野，求贤若渴。徐庶向刘备举荐了诸葛亮，并且建议刘备屈尊拜访，以示诚意。刘备三次亲自拜访，才见到诸葛亮，于是就有了诸葛亮深谋远虑、使其名垂千古的《隆中对》。诸葛亮向刘备陈说三分天下之计，建议刘备占据荆（今湖南、湖北部分地区）、益（今四川）两州，获得西南异族的支持，联合孙权江南政权，对抗曹操，进而逐鹿中原。诸葛亮的谋略深得刘备赞赏，诸葛亮于是成为蜀汉的主要智囊人物。刘备正是根据其策略，取得了赤壁之战的胜利，占据了荆、益，建立了蜀汉政权。章武元年（221年），刘备称帝，诸葛亮出任丞相、录尚书事，假节。次年，刘备为了替名将关羽报仇，挥军东征，试图夺回荆州，途中被陆逊火烧连营，蜀军遭遇大败，撤退至永安，致使蜀汉元气大伤，这就是历史上的"夷陵之战"。章武三年（223年），忧愤之中的刘备病重，临终前将后主刘禅托付给诸葛亮。建兴元年（223年），刘禅继位，诸葛亮被封为武乡侯，领益州牧，开府治事。刘禅不管政事大小，都仰赖诸葛亮决策。诸葛亮当政期间，励精图治，修好东吴，平定南中，为北伐中原做准备。

从建兴六年（228年）到建兴十二年（234年），诸葛亮多次发兵攻魏，试图进入关中，占领长安。建兴六年（228年），诸葛亮声称从斜谷攻取郿县，令赵云等吸引曹真率领的魏军主力,自己则进攻祁山。陇右南安、天水和安定三郡响应蜀汉,关中震动。魏明帝亲征,坐镇长安,命张郃率5万大军阻击诸葛亮。马谡大意失街亭,赵云于箕谷战败,诸葛亮第一次北伐失败。

第二次北伐发生于同年冬天。诸葛亮利用东吴大败曹魏之机,兵出散关,包围陈仓(今陕西宝鸡西南)20余天。曹魏援军到来后,蜀军退回汉中。建兴七年(229年),诸葛亮第三次北伐,占领武都(今甘肃成县)、阴平(今甘肃文县西北)。第二年,魏军反攻汉中,诸葛亮派军增援二郡。由于大雨阻断子午谷、斜谷交通,魏军被迫撤军。建兴九年(231年)是第四次北伐,诸葛亮二出祁山,准备与魏军决战,司马懿据险以守。由于蜀军粮尽,被迫班师,途中设置伏兵,阻杀魏国名将张郃。

建兴十二年(234年),经过充分准备,诸葛亮发动了对曹魏的最后一次攻伐。诸葛亮事先派使者抵达东吴,与孙权约好同时从南北对曹魏发起攻势,使其腹背受敌。这时与诸葛亮对峙的魏军主将为司马懿。司马懿,字仲达,河内郡温县孝敬里(今河南省焦作市温县)人。司马懿是辅佐魏国三代君主的重臣,是三国时期杰出的军事家、政治家,也是西晋王朝的奠基人。诸葛亮第三次北伐,魏明帝就派司马懿为大将军讨伐蜀国。诸葛亮第四次北伐,魏明帝认为司马懿是抵御蜀军的不二人选，令其坐镇长安，抵御蜀军的进攻。诸葛亮第五次北伐，司马懿屯兵渭南，与其对峙。

是年春，诸葛亮率军出斜谷口（今陕西眉县西南），占据了渭水南岸的五丈原（陕西省岐山南），与司马懿的魏军隔渭河对峙。司马懿以逸待劳，据守不出。五丈原高40丈，其南端狭小，东西仅为5丈，面积约为12平方千米。五丈原属于"一夫当关，万夫莫开"的军事要地，进可达汉中，退可从邻近的斜峪关入汉中。为了和曹魏军队进行持久战，诸葛亮做了精心准备。为了解决蜀军军粮不足的问题，诸葛亮派军队在土地肥沃的斜水（今石头河）两岸屯田，与当地百姓一起耕种。由于"蜀道之难"，为了解决困扰蜀军的军粮运输问题，诸葛亮改进了原来设计的"木牛"独轮运输，称为"流马"，其速度更快，用其将粮食囤积到斜谷口。同时，诸葛亮派部分军队在五丈原最狭窄处构筑城堡，作为中军主帐。与五丈原隔河相望，位于渭河北岸积雍高原上的三刀岭，则是当年魏将司马懿驻扎帅营之地，岭上还有座土堡遗址，传说正是司马懿的点将台。

诸葛亮孤军深入，一心想跟魏军决战，但魏军主将司马懿凭借关陇大后方，有恃无恐，始终稳守营垒，试图拖垮蜀军。诸葛亮数次向司马懿挑战，甚至派人给司马懿送去一套妇女的衣服，嘲笑其如妇人般怯懦，试图以此激怒司马懿。司马懿不为所动，当着蜀国使臣的面，高兴地穿起女人的服饰，并向诸葛亮致以谢意。

蜀、魏两军对峙100多天，欲战不能。诸葛亮鞠躬尽瘁，日理万机，最后竟忧愤呕血，但是为激励士气，他还是事必躬亲，凡杖责超过二十的刑罚，都要自己处理。司马懿常假意与蜀国使者闲谈，刻意打听诸葛亮的饮食、睡眠情况，使者竟然毫无防备，老实"汇报"。据此，司马懿认为"诸葛亮命不久矣"！果然，这一年八月，诸葛亮积劳成疾，病死于五丈原，年仅54岁。

诸葛亮死后，按照其事先安排，蜀军开始有条不紊地撤退。司马懿率军追击，蜀军统帅姜维命杨仪指挥后军虚张声势，吓退魏军。后来，司马懿查看了蜀军的营垒布置，不禁赞叹道："天下奇才也！"

后代为了纪念诸葛亮，在五丈原的西北部修建了武侯庙。武侯庙坐南朝北，面对渭河。据《岐山县志》记载，武侯庙初建于元初，明、清两代多次修缮。如今武侯祠更是修缮一新，成为怀古游览之胜地。进入山门，庙门华丽壮观，大门上方有一竖匾，上书"五丈原诸葛亮庙"。门厅内东、西两侧分别站立蜀国大将魏延和马岱。诸葛亮庙分东、中、西三进院落。中院为主院，分献殿和正殿，献殿前有鼓楼和钟楼。献殿大门上方有一横匾，书有"五丈秋风"，殿内有诸葛亮《出师表》石刻展，还有明朝开国皇帝朱元璋对诸葛亮一生评述的石刻。正殿中间安放着诸葛亮的泥塑彩色坐像，庄重肃穆、目光深邃，纶巾羽扇，鹤氅皂绦，犹如仍在此处运筹帷幄，决胜于千里之外。诸葛亮身边分别排列着姜维、杨仪、关兴、张苞、王平、廖化等蜀国武将的塑像。献殿和正殿之间有八卦亭，展示诸葛亮研究八卦并按八卦布兵摆阵。

另外，当年诸葛亮设立中军主帐的地方还留有城墙残迹，南北长约250米，东西宽近100米，被当地人称为"豁落城"。豁落城南边坡地有一块平整的石头，上面刻有横纵棋盘线条。据说诸葛亮经常在此与人对弈，故名"棋盘山"。据说，五丈原还曾出土"诸葛锅"，锅上铸有汉隶文字。

事实上，由于蜀国在经济和军事上与魏国的巨大差距，注定诸葛亮的北伐很难成功，更无法实现其占领长安、与魏军逐鹿中原的雄心壮志。诸葛亮一心北伐，只是为了标榜其"刘汉"正统地位，表明其"兴复汉室"的态度，表示与曹魏势不两立。另外，蜀国是弱国，诸葛亮的北伐也是一种"以攻图存"的手段。劳军远征，进军关中，长驱直入，必然粮饷无法保证，后援不继，因此只能稳扎稳打，步步为营。诸葛亮试图和魏军在五丈原展开鏖战和对峙，借此削弱和牵制魏军，从而保证蜀汉的军事安全。对于诸葛亮的战略企图，魏军主将司马懿心知肚明，因此凭借曹魏强大的经济实力，只需和蜀军"干耗"到底，就能将其拖垮。

五、灭蜀平吴皆有功
——文武全才"杜武库"

杜预是三国时期的真英雄,曾经参加了灭蜀战争,也是西晋灭吴第一大功臣。杜预一生文韬武略兼备,丰功伟绩冠绝一代,而且政治智慧非凡,进退有节,是历史上少有的功高盖主还能全身而退的政治奇才。同时,杜预也是一个怪才,从小博览群书,兴趣广泛,涉及文史、历算、器物、工程等,是个杰出的发明家。另外,他对《左传》研究成果突出,还是西晋著名的经学大师。

杜预,字元凯,京兆杜陵(今陕西西安东南)人,曹魏黄初三年(222年)出生于长安。京兆杜家,汉代就已经累世公卿,名人辈出,杜预正是其中的佼佼者。杜氏世代大族的现象一直持续到唐代,出现了众多的名人，有所谓"城南韦杜，去天尺五"的说法。杜预的祖父杜畿本是郡守属吏，后被举荐为孝廉，曾经当过河东太守。由于多年随曹操南征北战，屡建功勋，杜畿被曹丕封为丰乐亭侯，官至尚书仆射。杜预的父亲杜恕承袭爵位，但因为为人正直，不阿谀权贵，受人排挤，由散骑黄门侍郎贬为幽州刺史。接着，杜恕又被征北将军程喜诬陷，被直接削职贬为庶民。魏正始十年（249年），司马懿发动宫廷政变，曹氏沦为傀儡。4年后，杜恕郁郁而终。

杜预出生于曹魏时期的官宦世家，但并非只知玩乐的纨绔子弟，其"博学多通，明于兴废之道"，才气出众。但是由于其父杜恕忠义、正直，与朝廷中的权臣多不合，得罪了很多权贵，因此杜氏族人常遭到排挤和打击。到了杜预这一代，政治上也多受牵连，30多岁还没谋到一官半职，仕途非常渺茫。

司马昭当政之后，政治局面发生了很大变化，杜预的情况终于有了转机。由于司马昭刚刚篡夺了曹氏政权，需要笼络人心，也急需任用人才，而杜预出身名门，才学出众。于是，杜预通过婚姻改变了自己的命运——娶了司马昭之妹高陆公主为妻，做了皇帝的妹夫。接着他被恢复了爵位，出任尚书郎，成为司马昭统治集团的核心成员之一。正是凭借皇亲国戚、晋武帝近臣的身份，杜预担任了征蜀主力军统帅钟会的镇西将军府长史。

诸葛亮死后，蜀国朝廷后继无人，蒋琬、费祎等只能墨守成规，勉强维持，无力进取，因此日渐衰落。司马氏掌控魏国政权后，军事力量更加膨胀。魏蜀两国的力量对比也发生了重大变化，魏灭蜀为大势所趋。景元四年（263年）五月，魏军兵分三路大举伐蜀。魏征西将军邓艾趁两军主力相持剑门关之际，率偏师出奇兵，大纵深迂回穿插，绕过蜀军的正面防御，直捣蜀都成都，顺利攻灭蜀汉。然而，祸起萧墙，钟会联合蜀将姜维谋反，准备杀害同来的魏军将领，以割据益州。同时，钟会还计划出斜谷，进攻长安，再派骑兵经陆路、步兵经水路，攻打孟津、洛阳，夺取天下。不料司马昭早已派贾充领1万余兵占据斜谷，自领10万兵马屯于长安。次年正月，钟会在实施计划时被乱兵杀死。在这场变乱中，钟会的许多僚属丧生，杜预凭借智慧幸免于难。事后，杜预因功被增封一千户。

泰始元年（265年），司马昭去世，司马炎嗣位晋王。接着，废曹奂为陈留王，魏国灭亡。司马炎自称晋武帝，建立西晋，建元泰始。司马炎即位后，大封宗室，杜预作为皇室姻亲，也被封为驸马都尉。

泰始六年（270年）初，杜预因得罪司隶校尉石鉴，被解除河南尹的职务。六月，司马炎起用他出镇边关，先为安西军司，后任秦州（治上邽，今甘肃省天水市秦州区）刺史，领东羌校尉、轻车将军。在任期间，杜预提出了50多项安边兴国的建议，均为朝廷采纳。由于杜预明于筹略，善于规划，朝廷重新起用他参谋军国大事。很快，他被任命为度支尚书，掌管政府的经济财政事宜。

咸宁四年（278年），杜预接替羊祜出任镇南大将军，都督荆州诸军事。到任后，杜预积极进行军事部署，奇袭东吴的西陵（今湖北宜昌东南），夺取了东吴的"西大门"。当时，东吴统治者极为残暴，不得人心，西晋完全具备了灭吴的能力。但是，除羊祜、张华等少数大臣支持伐吴外，大多朝臣态度暧昧，不置可否。朝廷中的一些实力派人物，如贾充、荀勖等则持反对意见，司马炎又犹豫不决，以致错过了灭掉孙吴的极好战机。为此，杜预不顾反对派的压力，三次向司马炎上书陈述伐平东吴的紧迫性。

咸宁五年（279年）十一月，晋武帝调集大军20多万，由大都督贾充做统帅，兵分六路，水陆齐进，大举进攻东吴。杜预在这次战争中并没有担任主帅，晋武帝只是任命他为西线指挥，具体任务是从襄阳攻取江陵、占据荆州。太康元年（280年）正月，杜预智取江陵。他首先调动兵力向西进攻，命令部下在山上到处点火，树立旗帜，虚张声势，夺取沿江的一些城池，将乐乡（今湖北松滋东）城里的吴军都督孙歆吓得坐卧不安，不敢随意行动。接着，杜预将大批军士埋伏在乐乡城外，此时正好有一支败退的吴军返回乐乡，杜预命将士乘机乔装打扮，混杂在吴军队伍中溜进城里，活捉了孙歆。这使部下将士十分钦佩，作歌谣称颂道："以计代战一当万！"

在扫清江陵的外围之敌后，杜预很快拿下江陵，占据荆州。接着杜预挥师东进，计划攻打孙吴的都城建邺。但是有的将领认为江南天气炎热，降雨不止，恐怕疫病即将流行，等到冬天进攻建邺也不迟。杜预则认为现在晋军兵威大振，如破竹之势，攻吴必然迎刃而解，不可停手。后来的对吴战争果然进展顺利。同时，杜预还分兵南下，收复了今广西、广东一带地区。杜预建立了赫赫战功，共斩杀、俘虏孙吴都督、监军一类的高级官吏14人，牙门将、郡守一类的中级官吏多达120人。

杜预可以统万千大军，决战千里，但是自身却极为文弱，是个地道的儒将。据《晋书》记载：杜预从来不骑马，很可能是不会；射箭技术也不行，没有杀伤力。但是克敌制胜，其他将领都无法超过他。他与敌人斗智不斗力，智慧卓越。在对东吴的战争中，因为杜预善于用兵，敌人对他极为痛恨。杜预脖子上有颗大瘤子，吴国人就给狗脖子上拴个葫芦制成的水瓢，放在城头羞辱他；在长包的树上刻写"杜预颈"，然后砍掉，以此泄愤。江陵城破以后，杜预恼羞成怒，把干这些事的人捉起

西晋灭吴之战示意图

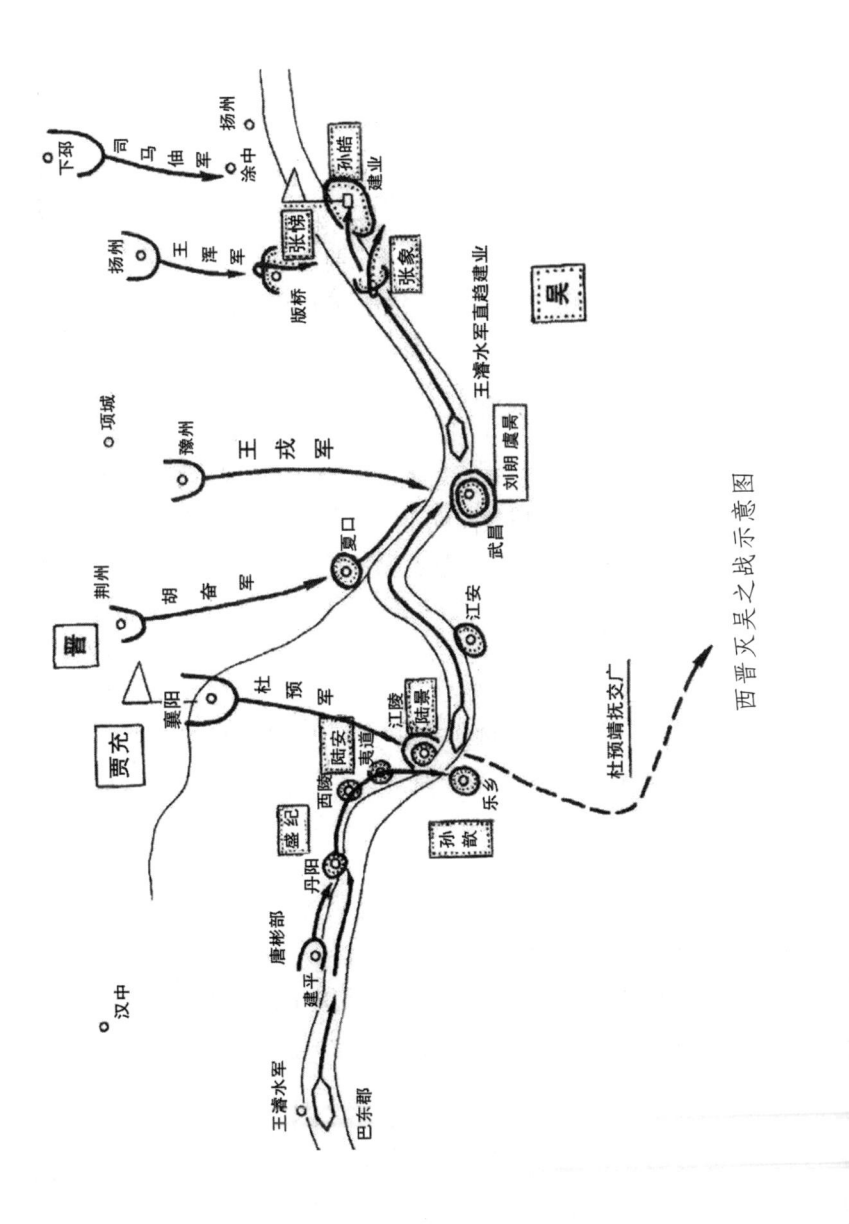

来杀了。但是当地人并不记恨杜预，还颂扬其功德歌唱道："后世无叛由杜翁，孰识智名与勇功。"（《晋书·杜预传》）

杜预自幼博览群书，是中国古代少有的理论与技术相结合的复合型人才。在朝廷的时候，杜预对时政多有损益，建策颇多，据《晋书》记载："在内七年，损益万机，不可胜数，朝野称美，号曰'杜武库'。"意思是他像个仓库，里面有各种"武器"。不仅如此，杜预对于经济、历法、法律、数学、史学、工程等中国古代不重视的领域也极为熟悉，可以说是文理工样样在行，并且多有建树。

杜预还参加了西晋"泰始律"的制定，对后世影响很大。咸熙元年（264年）七月，司马昭委托贾充、裴秀等改制法律、官制，杜预参与了法律的制定，担负了最繁重的任务，完成了"晋律"的注解部分。这部西晋法律于晋武帝泰始四年（268年）颁布，因此称为"泰始律"。它明确区分律（刑法制度）、令（规章制度），较之汉魏旧律，其界限更加分明、体系更加完备。"泰始律"上承汉律，下启唐律，对后世的封建法律有很大的影响。历法方面，杜预也做出了贡献。他发现当时通行的历法不合晷度，很不准确；经过严密计算，纠正了其中的误差，制定出"二元乾度历"。

此外，杜预还充分施展自己的聪明才智，是个伟大的发明家。杜预成功制造出一种"人排新器",可能是一种用于金属冶炼的人力鼓风机。东汉以来,周代遗留的青铜礼器遗失流散,杜预通过阅读古书、设计工艺,为晋武帝成功仿造了一批精美的青铜礼器。他还成功复制出久已失传的欹器(一种计时器,类似沙漏),开创了我国古代器物研究和复制的先河。杜预还是一名杰出工程师。他力排众议,在黄河富平津修建了一座浮桥。从设计到施工,杜预都亲力亲为。这座浮桥极为牢固,成为重要的军事要冲,多次被战争损毁和重修,一直使用到宋代。

杜预所处的时代,最为时尚的是玄学,崇尚清谈而不识时务。但是,杜预却推崇儒学,并成了一代经学大师。他自称有"《左传》癖",著有《春秋左氏经传集解》三十卷,是《左传》流传至今最权威的注解之一,被收入后来的《十三经注疏》。据《隋书·经籍志》记载,杜预还有《春秋左氏传音》三卷、《春秋左氏传评》二卷、《春秋释例》十五卷、《律本》二十卷、《杂律》七卷、《丧服要集》二卷、《女记》十卷等,另有文集十八卷,可惜这些著作大多没有流传下来。

杜预深谙君臣之道,用舍行藏,恰如其分。平吴之后,晋武帝派杜预返回襄阳,镇守荆州,但杜预多次上书,说自己家族世代都是文官,带兵打仗并不是自己的本行,请求放弃兵权。杜预深知,当初自己接替羊祜,是因为天下尚未一统，而如今天下再无大敌，此时如果自己权势熏天，后果将不堪设想。

杜预是一个跨越三国、西晋两个时代的历史人物，亲自参与或见证了灭蜀、西晋代魏、平吴等重大历史事件。其大器晚成，一生文治武功均达到很高的成就，立德、立功、立言，无一缺漏，后世对其极为景仰、称道。贞观二十一年（647年），唐太宗诏令历代先贤、先儒二十二人配享孔子，杜预就名列其中。唐德宗建中三年（782年），礼仪使颜真卿向唐德宗建议，追封古代名将64人，并为他们设庙享奠，当中就包括杜预。到了北宋宣和五年（1123年），宋室沿袭唐代制度，为古代62位名将设庙，杜预依然名列其中。杜预成为明代之前唯一同时进入文庙和武庙的历史人物。

第二章 群『狼』共舞
——异族南下与乱世长安

东汉末年与三国时代群雄并起，上演了一幕幕惊心动魄、比智斗力的历史大戏。待到英雄迟暮、刀剑锈蚀、烽烟消散后，中国最终为西晋所统一。然而好景不长，当西晋帝王和贵族行为乖张、贪婪愚钝，为权力和土地混战之时，来自北方"狼"性十足的部族却在秣马厉兵、虎视眈眈，垂涎着中原的丰饶物产和财富，将成为中国的新主宰。一个充满血与火的时代就此揭开了巨幕。

一、贪欲的恶果
——"八王之乱"与晋愍帝暂都长安

泰始元年（265年），司马炎废掉魏末帝曹奂，代魏称帝，建国号为晋，定都洛阳，历史上称为"西晋"。太康元年（280年），西晋灭孙吴，结束了三国鼎立的分裂局面，重新统一中国。

开国之初的西晋并无王朝鼎革后的蓬勃气象，却有末世王朝的社会顽疾。以晋武帝司马炎为代表的门阀士族集团，生活腐化，竞相骄奢淫逸，肆意挥霍民脂民膏。司马炎沉溺女色，宫中有上万姬妾；臣子王恺、石崇斗富，竞相以奢侈为荣。而且，司马炎政治无能，任用小人，治国无方。为了避免重蹈曹魏灭国的覆辙，晋武帝恢复了久远的"封建制"。封建即封邦建国，就是古代帝王把爵位、土地分赐给亲戚或功臣，使之在各区域内建立邦国，以捍卫天子的制度。秦汉以来，郡县制基本取代了封建制，但是封建制仍然不同程度存在着。西晋司马炎大封司马氏宗室为诸侯王，被吕思勉称为封建制的四次反动之一，这是导致"八王之乱"并随之诱发西晋瓦解的祸源。晋武帝封27个宗室为王。这些诸侯王权力巨大，不但占有国家的大量编户，而且可以自选长吏，招兵买马（地方州郡反而严重缺失武备），甚至"出专方面重镇"。事实上，封建制并没有让西晋国泰民安，国祚持久；相反，西晋初年的繁荣宛如昙花一现，转瞬即逝。诸侯王争权夺利，最终酿成深重的民族灾难。

太熙元年（290年），晋武帝去世，太子司马衷继位，这就是历史上有名的痴呆低能儿皇帝——晋惠帝。更加可怕的是，傻皇帝却有一个诡诈多谋、贪婪残忍的皇后，她就是历史上赫赫有名的贾南风。司马炎临终之时，命杨皇后的父亲、车骑将军杨骏为太傅、大都督，掌管朝政。次年，皇后贾南风为了让自己的家族掌握政权，与楚王司马玮合谋，利用禁卫军发动政变，杀死杨骏等数千人。不料事与愿违，政权却落在汝南王司马亮和元老卫瓘手中。当年六月，贾后又使楚王司马玮杀汝南王司马亮，然后反诬楚王司马玮矫诏擅杀大臣，将其处死。贾后执政后，贾氏亲党害怕晋惠帝太子（非贾后所生）掌权对自己不利，怂恿贾后废掉太子。元康九年

（299年），贾后废太子司马遹，次年杀之。然而，贾后视政治为儿戏，率意挑起的政治动乱并非可以收放自如。事实上，国家真正的混乱才刚刚开始，并且由中央转移到地方，成为一场诸侯王们的战争"盛宴"。

永康元年（300年），统领宿卫禁军的赵王司马伦利用禁军对贾后擅杀太子的不满情绪，联合齐王司马冏起兵杀了贾后、张华等人。次年，赵王司马伦废惠帝自立，驻守许昌的齐王司马冏起兵讨伐。不久，洛阳城中的禁军将领王舆杀死司马伦，迎接惠帝复位。齐王司马冏以大司马身份入京辅政。为了控制朝政，司马冏扶立惠帝弟清河王司马遐之子、年仅8岁的司马覃为皇太子，招致一些诸侯王的不满。太安元年（302年）底，洛阳城中的长沙王司马乂举兵杀了司马冏，于是政权落入司马乂手中。次年，河间王司马颙、成都王司马颖以"论功不平"，合兵讨伐长沙王司马乂。司马颙派精兵7万，自函谷关向洛阳推进；司马颖调动大军20余万，从邺城渡河向洛阳进发。二王联军屡为长沙王司马乂所败，但其对洛阳的围困日益收紧。永兴元年（304年）正月，洛阳城中的东海王司马越发动兵变，擒长沙王司马乂。成都王司马颖入洛阳为丞相，但仍回根据地邺城，以皇太弟身份专政，但其为人昏聩、骄奢，大失人心。东海王司马越率领禁军挟惠帝北上进攻邺城，在荡阴（今河南汤阴）被成都王司马颖击败，惠帝被俘，东海王逃往封地东海（今山东郯城北）。与此同时，河间王司马颙派遣军队占领洛阳。并州刺史司马腾（司马越弟）与幽州刺史王浚联兵攻破邺城，成都王司马颖与惠帝投奔洛阳，接着转赴长安。永兴二年（305年），东海王司马越又从山东起兵进攻关中，击败河间王司马颙。次年，东海王司马越迎惠帝回洛阳，成都王司马颖、河间王司马颙相继为其所杀，大权落入司马越手中，"八王之乱"终结。西晋的这场大乱持续了16年（291—306年），是中国历史上最惨烈的乱世。这场内乱并没有胜利者，失去理智的参战诸王多相继败亡，留下一个满目疮痍的中原。西晋社会经济遭到严重破坏，军事力量消耗殆尽，民众被杀害者众多。长久以来隐伏着的阶级矛盾、民族矛盾集中爆发。"八王之乱"是统治阶级进行的一场惨烈而毫无意义的政治、军事内耗，是导致西晋灭亡的重要原因。

"八王之乱"是西晋皇族的自我毁灭。在战争中被权欲冲昏头脑的诸侯王为了争夺权力，不惜"玩火"，邀请内迁游牧部族的贵族参战，使其成为"雇佣军"。例如成都王司马颖以匈奴刘渊作为外援，于是匈奴贵族以"靖难"为名进入邺城；幽州刺史王浚邀约辽西鲜卑进攻邺城，"鲜卑大掠妇女"。大批游牧部族潮涌般进入华夏文明的核心地带，"八王之乱"造成的权力真空也为内迁异族提供了入据中原

八王之乱

河间王颙　赵王伦　齐王冏　东海王越　汝南王亮　楚王玮　长沙王乂　成都王颖

汝南（今河南东南）　长沙（今湖南）
楚（今湖北中部）　成都（今四川）
赵（今河北西南）　河间（今河北东南）
齐（今山东省）　东海（今山东东南部）

的良机。从此，黄河流域无处没有匈奴、鲜卑贵族活动的身影。

事实上，早自东汉光武帝允许边民内迁以来，大量游牧民族迁入中原地区。南匈奴由于受到强大鲜卑的逼迫，逐渐迁入今天的晋陕高原北部。西晋时，匈奴人更是大量涌入今山西，后在左国城（今山西离石北）建立基地。原来分布于西拉木伦河的鲜卑人占领了原属匈奴的漠北地区。其中，东部宇文氏与中部慕容氏南下辽水，慕容一部吐谷浑甚至进入今青海地区，西部拓跋氏则进入今山西、河北地区。氐、羌两族在东汉末年已经大量迁入关陇地区，到西晋时外族已经占当地人口一半以上。

在八王挑起的战争中，异族"雇佣军"领袖既看到中原富庶的物产以及极具诱惑的生活条件，也看到了西晋统治者的腐朽和虚弱，不免产生觊觎之心。战争的残酷更使他们认识到，掠夺比辛勤劳作更为容易，并且可以获得崇尚武力的族人的敬重。当然，组织完善、经济基础较好的汉族也不会任人宰割，而对这些主动或被动进入中原的游牧部族进行反击，不同民族之间的文化冲突不可避免。同时，这些初来乍到的游牧部族也可能沦为汉族贵族和地主的奴隶，受到压榨和迫害。

西晋光熙元年（306年），晋惠帝被东海王司马越毒死。晋武帝最小的儿子、皇太弟司马炽继位，即晋怀帝。司马炽不太喜欢和人交际，对历史文献特别感兴趣，经常和大臣们一起探讨儒家经典。面对东海王司马越的专制以及西晋诡谲的政治形势，晋怀帝缺乏应有的雄才大略和政治经验，无法力挽狂澜。

永嘉二年（308年），匈奴贵族刘渊在平阳（今山西临汾）称帝，建立汉国。洛阳逐渐处于外族军事力量的包围之中，粮食供应不足。东海王司马越率领4万大军，带领皇族贵胄撤出洛阳城。永嘉五年（311年）三月，石勒率骑兵在宁平城（今河南鹿邑西南）全歼晋军主力，俘虏并处死太尉王衍以及逃出洛阳的48位诸侯王，王公贵族及平民死亡10万余人。六月，刘曜攻陷洛阳，俘获晋怀帝。刘曜还纵兵在洛阳城内大肆抢掠，杀死官民3万余人。匈奴兵将洛阳宫中的宫女、珍宝掳掠一空，发掘帝后诸陵以后，将繁华的洛阳城烧为灰烬。东汉末年遭遇董卓破坏，经过魏晋两代苦心经营的洛阳城再次毁于战乱。

随着西晋政权的即将覆灭，关中地区也面临着更加深重的灾难。事实上，东汉末年长安已经受到严重的破坏，西晋时长安城的状况并未得以改善。元康二年（292年），长安令潘岳曾经巡视全城，只见街上没有行人，居民住宅也稀稀拉拉。宫殿、官署、店铺、库房等建筑缩聚在城中偏僻的一角，不及从前的百分之一。汉长安的许多著名街道只剩名字，已经无法探寻遗迹了。长乐、未央、建章等昔日雄伟的宫殿只剩下断瓦残垣，只见野鸡在池台上飞鸣，狐狸、兔子到处出没，昔日的宫殿现在到处长满了茂盛的茅草。面对此情此景，这位长安长官极为悲伤（见《文选》卷十《纪行下·潘安仁西征赋》）。持续16年之久的"八王之乱"使长安再次成为政治斗争的牺牲品，遭受了严重破坏。例如东海王司马越部将祁弘曾经带领鲜卑兵"大肆抢掠长安城，杀二万余人"。

洛阳沦陷以后，长安也很快被匈奴人占领，刘曜被任命为雍州牧，镇守长安。晋安定太守贾疋、安夷护军麹允等在甘肃镇原聚集5万大军，晋雍州刺史麹特等也聚众10余万响应，两军会合后向长安进发。西晋"义军"大败匈奴军，包围长安城。永嘉六年（312年），刘曜放弃长安，将关中8万余人掳掠到平阳。尽管当时关中百姓"食不果腹，白骨蔽野，人口百不存一"（《晋书·贾疋纪》），但是西晋官员仍试图凭借关中和长安的地理优势，使得西晋政权苟延残喘。

建兴元年（313年），贾疋、麹允等拥立宗室、秦王司马邺即位，即晋愍帝。愍帝司马邺年仅13岁，对于国事惘然不知，一切只能依赖大臣。愍帝以麹允为尚书左仆射，录尚书事；索綝为尚书右仆射、领吏部、京兆尹，二人共掌军政大权。长安成为西晋都城后，临时政府第一件事是修建晋皇室的宗庙和社稷。

但是，长安刚刚经历了大战，已经破坏严重，当时城中"户不盈百"，只相当于一个小村舍的规模。昔日的高大建筑"墙宇颓毁，蒿棘成林"，已经变成荒野之地。公家和私人一共才有4辆车，愍帝君臣的生活极其困苦。官员上朝没有官服和印信，只能在桑木板上写上自己的官职。粮食、武器也极端缺乏。关中有人公开盗掘霸陵、杜陵和薄太后墓，愍帝也派人收集盗余的财物来充实国库。

西晋政权在异常艰难的条件下，在长安苦苦维持了4年。建兴元年（313年），汉中山王刘曜逼近长安，麹允屯兵黄白城（今陕西三原）抵御，连战连败。刘曜派赵染率骑兵五千，袭击长安。愍帝逃到内城射雁楼，赵染焚毁了龙尾道，杀晋军千余人。次日，麹鉴领兵五千从阿城救援长安，汉军撤退。后，麹允大败刘曜。次年，刘曜再次进犯长安。前锋赵染占领新丰，与晋军对峙。麹允迎战于冯翊，大败汉军，杀汉将殷凯，刘曜败归。十月，刘曜攻占冯翊，太守梁肃逃至长安。麹允想让愍帝投奔秦州（今甘肃天水），被部下索綝劝阻。镇守上邽的司马保获悉，下令长安以西不再向长安贡奉。长安陷入严重饥荒之中，百官甚至采集野生谷物维持生存。建兴四年（316年），刘曜再次进攻长安，首先转攻上郡（今陕北一带），太守籍韦率众逃到南郑。七月，刘曜在攻占粟邑（白水）、黄白（三原）之后，又在北地击溃雍州刺史麴允率领的3万晋军，进至泾阳，彻底控制整个渭北地区。八月，刘曜开始围攻长安。前来救援的晋军屯兵霸上，畏惧汉军强大，不敢进兵。九月，刘曜攻陷长安外城，愍帝君臣退守小城。到十月，长安城内粮食断绝，"米斗金二两，人相食，死者太半"（《晋书·愍帝纪》）。太仓中仅有数十个面饼，麴允只能把饼磨成细屑，煮成稀粥，供愍帝食用。十一月，愍帝忍受不了如此窘困的局面，眼见坚守无望，被迫出降。投降当天，愍帝赤裸着上身，口中衔着玉璧，乘坐羊拉的车，带着一口棺材，在长安东门向刘曜投降。刘曜进占长安，送愍帝及大臣到平阳，长安作为西晋都城的短暂历史结束了。

　　西晋的灭亡，直接原因在于贾后的弄权和随后的"八王之乱"。"八王之乱"不仅对西晋造成毁灭性的打击，而且引狼入室，将匈奴、鲜卑等部族引入中原，导致华夏文明遭受严重摧残。愍帝为晋武帝之孙，具有强大的号召力，成为关中对抗匈奴的一面旗帜。愍帝政权在匈奴大军环视的险恶环境下，坚持4年之久，实属不易。但是，由于关中残破，长安多次遭到破坏，已经无法发挥都城的作用。

二、长安的匈奴王朝
——刘曜与前赵

西晋永兴元年（304年），自东汉末年以来就不断南下渭水和汾水流域的匈奴人在五部大都督刘渊的带领下，利用西晋诸王的内乱，在左国城（今山西离石北）建立了自己的王国，国号为"汉"。匈奴贵族为了构建政权的合法性，并减轻汉人的敌视和阻力，以"刘汉"继承者自居，因"汉高祖曾经以宗室女子作为公主，嫁给了匈奴单于冒顿，并且与冒顿结为兄弟，因此冒顿的子孙就是'冒姓'刘氏"（《晋书·刘元海载记》）。后来，刘渊又打出"尊汉"的旗帜，宣布要复兴汉家的天下。事实上，这不过是"借尸还魂"，打着复兴汉王朝的幌子来发展和振兴匈奴。

15年后，刘渊建立的汉国自相残杀，分崩离析。刘曜清除乱臣，迁都长安，改国号为"赵"。为了与羯族首领石勒在关东建立的赵国相区别，史称"前赵"。此时，西晋残余势力在南方的荒蛮之地建立了东晋，但在很长时间内，统治阶级内部矛盾重重，只能竭力自保，无法威胁北方的匈奴王朝。前赵的开国皇帝刘曜没有强大汉政权的威胁，就没必要打着"汉国"的幌子，于是他下诏说："我的祖先兴起于北方，光文皇帝刘渊建立汉国是为了收买人心。今天应该改换国号，将匈奴的冒顿单于作为我们的祖先，大家好好议议！"群臣上奏说："汉国皇帝刘渊最初封为卢奴伯，陛下您被封为中山王；中山是赵国的封地，那么请将国号改为赵。"刘曜听从群臣建议，将冒顿单于配享上天，刘渊配享上帝（《资治通鉴·晋纪十三》）。可见，匈奴依附汉族政权已经150多年，汉化是不可避免的。尽管刘曜试图在长安建立一个"纯正"的匈奴帝国，但匈奴在建国方面缺乏可以利用的文化资源，臣属也提不出切实可行的建国方案，只能附会到春秋时期白狄鲜虞人建立的中山国，以及后来灭掉中山的赵国。但是，从另一个角度来看，刘曜试图重新建立匈奴五部之众的族群认同，公然于华夏腹地以内迁游牧民族的后裔称王称帝，并与东晋王朝争夺正统地位，这在十六国历史上具有非凡的意义。

尽管刘曜的前赵政权与刘渊的汉国有承接关系，

但刘曜并非简单地坐享其成，而是刘渊汉国的缔造者之一。刘曜，字永明，出生于新兴（今山西忻州），是刘渊的族子。父母早逝，从小为刘渊所收养。据《晋书》记载刘曜长相与众不同，身高九尺，臂长过膝；生有白色眉毛，眼睛里边泛着红光；胡子不多，但是却有五尺长。其性格"拓落高亮，与众不群"。读书很多，但是不求甚解，善于写文章，书法也很好。刘曜喜欢读兵书，射箭技术尤其精良，能洞穿一寸厚的铁板，被称为"神射手"。刘曜少年时代即有雄心大志，经常以乐毅、萧何、曹参等自比。刘渊称之为"吾家千里驹也"，刘聪评价他道："永明，汉世祖、魏武帝之流，数公何足道哉！"

20岁的时候，刘曜曾经去西晋都城洛阳游历。一个血气方刚、年轻气盛的少年，从落后、原生态的草原部落来到帝都的花花世界，不免好奇。刘曜长相奇特，更容易受到首都民众的瞩目。由于犯了杀头的大罪（罪名不详），刘曜逃到了朝鲜。后来遇到国家大赦，才再次回到故土。经此变故，刘曜觉得自己的长相太"特立独行"了，恐怕很难让世人接受，于是跑到森林密布、野兽出没的管涔山（今山西五寨、宁武一带）中隐居了起来，山清水秀，衣食无忧，读书，弹琴，过着快乐、逍遥的日子。一天夜里无事，有两个童子入而跪拜说："管涔王派遣我等来侍奉、拜谒赵国的皇帝，送给你宝剑一口。"刘曜点燃蜡烛观瞧，宝剑有二尺长，光泽亮丽，剑鞘用红色的玉石制成，上面有铭文"神剑御，除众毒"，并且宝剑会随四季而变换色彩。

等到西晋"八王之乱"，华夏烽烟四起，匈奴人的政治机会终于来了。刘曜较之前变得沉稳、老练，受到刘渊父子的器重。不久，刘曜在匈奴将领中崭露头角，被封为汉国的建威将军。在灭晋之战中，刘曜担任先锋，勇猛异常，最终攻陷西晋都城洛阳，城破后纵兵屠城、抢掠，一雪当年逃亡之耻。灭西晋后，刘曜被擢升为汉国宰相，都督中外诸军事，长期镇守长安。

汉昌元年（318年）七月，汉国皇帝刘聪去世，汉隐帝刘粲继位。刘粲荒淫，沉湎酒色，甚至与其父的皇后淫乱，又不断诛杀辅政大臣。外戚靳准得到刘粲的信任，逐渐窃取汉国政权。八月，刘粲屠戮宗室大臣后，靳准突然发动政变，屠灭了平阳的刘氏皇族，自立为大将军、汉天王，向东晋称臣。同年，镇守长安的刘渊养子刘曜起兵，进兵平阳途中，在赤壁（今山西河津西北赤石川）称帝，平定了"靳准之乱"。次年，刘曜将平阳"士女"15000人迁往长安。

前赵建都长安之后，刘曜成为第一个在长安称帝的匈奴人。当时，关中、陇右一带氐、羌等部族势力强大，常协同西晋残余势力进攻关中，对前赵形成威胁。前赵光初三年（320年），前赵长水校尉尹车联合巴氐酋长徐库彭反叛。刘曜杀掉尹车，又将徐库彭等5000余人囚禁于阿房，并不顾劝谏将其全部杀死，陈尸示众。刘曜的过激举动导致羌、巴、氐、羯等部族的反抗，30万人响应，关中大乱。刘曜只得采用光禄大夫游子远剿抚并用的策略，平定了叛乱，并迁徙巴、氐等部族20余万人到长安，充实了这座久经战乱而荒芜的都城。此后，刘曜又亲征陇右、巴、氐，打败了仇池（今甘肃成县西）杨难敌；逼使杨难敌部将杨韬归降，将其众1万余户迁徙到长安。

刘曜在短期内稳定了关、陇，执政初期统治也较为开明。刘曜定都长安后，先后修建了光世殿、紫光殿等建筑；又大量迁入氐、羌人口，除了前面提到的两次充实长安人口，刘曜还迁徙秦州大姓杨、姜诸族2000余户到长安，在一定程度上改变了长安破败、荒凉的状况，恢复了都城的活力和生机。刘曜重视教育，在长乐宫东建立太学，在未央宫后建立小学，招收1500人，聘请儒家饱学之士教授。刘曜还多次亲临太学，通过考试选官。刘曜能够接受臣下的意见，如他曾打算营建陵霄台和寿陵，侍中乔豫、和苞进谏，刘曜于是下令停建，还说："两位侍中诚挚直谏，有古人的风范，是可以匡扶社稷的臣子。"同时，他还任用了一批有学识的汉族官员，促进了匈奴的汉化。

刘曜不满足于前赵偏安关中，想要争雄天下。当时，前赵东西都有强敌，刘曜权衡之后，决定先西征凉州的张氏政权，然后全力东进。安定乌氏（今甘肃平凉西北）人张轨以儒学闻名，永宁年间（301—302年）曾出任凉州刺史、护羌校尉等。晋愍帝暂都长安期间，曾经封张轨为凉州牧。西晋灭亡之后，张轨割据一方，后由其子张寔、张茂继立。张氏父子保境安民，使凉州成为北方最安定、繁荣的地区。刘曜发兵20多万进攻凉州，沿着黄河岸边列阵，钟鼓之声惊天动地，史载："自古军旅之盛，未有斯比。"（《晋书·刘曜载记》）凉州刺史张茂自知难以匹敌，于是称臣求和，进献大量牛羊、金银、女妓、珍宝、珠玉等，从而确立了藩属关系。刘曜以张茂为西域大都护、凉王。刘曜没有了后顾之忧，决定全力东进，对付强敌——后赵的石勒。

石勒为上党武乡（今山西榆社北）羯人，曾被西晋东嬴公司马腾贩卖为奴隶。刘渊起兵后，石勒以十八骑兵响应，很快发展成10万大军，雄踞河北。靳准之乱时，石勒被刘曜封为赵公，占领平阳，并收降巴、氐、羌、羯10万余户。前赵建立之时，石勒也在河北襄国（今河北邢台）称赵王，与刘曜分庭抗礼，史称"后赵"。前赵光初二年（319年），石勒派部将石他进攻前赵上郡，俘虏羌人3000户，掠走牲畜百万头。刘曜率军亲征，斩杀石他及其部众千余人，夺回了羌人和牲畜。

光初十一年（328年），石虎率军4万从轵关（今河南济源西北）向西进攻刘曜控制的河东，河东50余县响应。两军战于高侯（今山西闻喜县境），石虎军大败，士卒横尸200余里。刘曜乘胜渡过黄河，但他坐失良机，不去进攻后赵根据地——襄城，而是错误地围攻洛阳城的军事要塞——金墉（三国魏明帝时筑，为当时洛阳城西北角一个小城，唐贞观后废），长期屯兵于坚城之下，给对手以喘息之机。是年十二月，石勒4万大军救援洛阳。次年二月，后赵各路援军共计9万云集前赵不设防的成皋，偷偷进入巩、訾（今河南巩义市西南）之间，顺利进入洛阳。

刘曜见石勒率主力来援，放弃了对金墉城的包围，将军队集中到洛阳以西，要与后赵进行决战。在这关键时刻，刘曜却出了致命的差错。匈奴贵族大都酗酒成性，刘曜也不例外，年轻时就沉溺于饮酒，晚年更是变本加厉。和石勒将要交战之时，刘曜饮酒数斗之多。出战后，又喝了一斗多。到了洛阳酉阳门，刘曜已经大醉，人事不知。后赵军趁机掩杀。刘曜在败退中，坐骑陷落水渠，自己坠落寒冰之上，身上受伤10余处，被后赵生擒。前赵大败，5万大军被斩首，主力损失殆尽。石勒想让刘曜劝说其子刘熙投降，刘曜却言："与大臣们匡正维护国家，不要管我！"于是，刘曜被石勒斩杀。

刘曜本以为太子刘熙坚守关中，还可与石勒一较高下。然而，刘曜惨败后，关中顿时大乱。前赵光初十二年（329年）正月，太子刘熙获知刘曜被擒，眼见无法据守关中，只得率领百官放弃长安。前赵将军蒋英、辛恕聚众10万占据长安，邀石勒入关。石勒派石生进入长安，在石虎的支援下取得长安，攻占上邽（今甘肃天水），杀太子熙，以及诸王公侯、将相卿校3000余人，又把关中大族9000余人迁徙到关东。前赵共二主，享国11年。

前赵是以匈奴人为主体，通过征服关陇地区的氐、羌部族而建立的政权。刘曜去除汉国国号，显示了民族自信，建立前赵，实行汉胡分治，自己称帝统治胡汉各族，而让儿子刘胤以大单于身份统治胡人。同时积极采取民族融合和文化同化政策，提倡儒学，但并没有构建一套系统的措施对关中地区进行统治。另外，刘曜贪酒，妻其后母；崇尚暴力，嗜杀成性，有很大的弱点。前赵偏居关中一隅，在石勒的军事打击下，迅速崩溃瓦解，正所谓"其兴也勃，其亡也速"！

三、"树犹如此，人何以堪"
——桓温进取关中

东晋是由晋宗室司马睿南迁后建立的政权，主要控制长江以南地区。司马睿原属东海王司马越一党，镇守下邳（今江苏睢宁）。"八王之乱"后，司马睿在王导的支持下渡江移镇建康（今江苏南京）。司马睿南迁后，宰辅王导推行"镇之以静，群情自安"的政策，经济上减轻民众赋役，让利百姓；政治上协调吴姓和侨姓士族之间的利益，团结对外；军事上采取"以守为攻"的策略来应对北方威胁。这些政策帮助司马睿政权迁至人生地不熟的江南地区，使得东晋得以稳定政权，获得吴姓世家大族的拥护。永嘉南渡后，侨姓世家大族在王导的号召下支持司马睿，陆续收复江南诸州，东晋得以偏安。建兴五年（317年），西晋愍帝在长安败亡。司马睿在建康重建晋廷,为晋元帝,史称东晋。

兴师北伐,恢复中原故地,是每一个南渡江南的东晋人的梦想。然而,东晋建立后皇权旁落,侨姓与吴姓士族内讧严重,长期无暇北顾。最终,江北大姓王、谢、庾、桓等大族轮流垄断了东晋的内外朝政。这些门阀士族为了获取个人威望和政治资本,组织了多次北伐,但多因错综复杂的原因而失败,其中桓温进军关中是历次北伐中规模较大的一次。

东晋针对关中的北伐,始于东晋豫章太守殷羡之子殷浩。东晋永和五年(349年),后赵皇帝石虎逝世,因诸子夺位而陷入大乱,东晋决定收复中原和关中地区。当时辅佐晋穆帝并总理朝政的司马昱为了抑制权势日益膨胀的桓温,委心腹之臣殷浩以"收复中原"的重任。永和八年(352年),殷浩以中军将军及都督扬、豫、徐、兖、青五州诸军事身份,率军自寿阳北伐。出师前,殷浩曾经暗中策反前秦梁安、雷弱儿,许诺如能刺杀苻健,就让其镇守关中。当时苻健诛杀大臣,其侄苻眉从洛阳撤回关中。殷浩错误地认为苻健已经遇刺身亡,开始进军洛阳。途经许昌时,原降将张遇倒戈。晋军损失15000人,北伐遭遇严重挫折。次年,殷浩率军7万,进行二次北伐。不料进军途中,前锋姚襄突然发动兵变。殷浩损失万人,丢弃辎重,逃往谯城,北伐再次失败。政敌桓温乘机上疏弹劾殷浩，朝廷逼不得已，废殷浩为庶人。从此，桓温开始主导东晋的北伐。

桓温，字元子，谯国龙亢（今安徽怀远）人。东汉名儒桓荣之后，东晋宣城内史桓彝长子。桓彝在苏峻之乱中被杀，泾县县令江播牵涉其中。当时桓温年仅15岁，泣血发誓必报父仇。咸和六年（331年），江播去世。其子江彪等兄弟三人为父守丧。因怕桓温寻仇，江氏兄弟预先备好兵器。桓温装扮为吊唁客人，混入江家，手刃江彪，并追杀其二弟。桓温这种滥杀无辜的"血亲复仇"行为得到时人的称赞。成年后的桓温姿貌伟岸，为人豪爽，风度非凡，娶晋明帝南康长公主为妻，并袭父爵为万宁县男。

永和元年（345年），桓温接替庾翼任安西将军、荆州刺史，持节，都督荆、司、雍、益、梁、宁六州诸军事，出镇荆州。次年，桓温上疏朝廷，请求讨伐成汉。但未等到朝廷回复，便与征虏将军周抚、辅国将军司马无忌率军西进。永和三年（347年），桓温兵至青衣（今四川名山北），前来阻敌的成汉军竟然与晋军异道而行。桓温三战三胜，进逼成都城下。成汉重新集结主力，与晋军决战。晋军反败为胜，成汉政权灭亡。桓温因立此大功，被晋廷封为征西大将军、开府仪同三司、临贺郡公。

桓温一直试图通过北伐来增加自己的声望，但是多次上书都没有得到朝廷的回应。朝廷支持的殷浩北伐，寸功未立，且损失惨重，导致朝野抱怨。殷浩被贬后，桓温独揽内外朝政大权，为了进一步树立权威、巩固权势，桓温迫不及待地开始了北伐。桓温选择关中氐人政权——前秦作为北伐突破的目标，原因如下：长安是西北重镇，占领长安，东出潼关就可与晋军的东线会合，逐鹿中原；长安也是西晋末年的临时都城，对东晋有重要战略意义；前秦是氐族苻氏建立的，立国只有4年，力量比较弱小；在收复失地问题上，桓温一向主张先易后难；成汉政权已经灭亡，蜀地已经处于桓温的控制之下，晋军进攻长安，大后方是安全的；万一晋军不能取胜，也能全身而退，不至于腹背受敌。

永和十年（354年），桓温统率4万步骑和部分水军，号称10万，从江陵出发，进军关中。水军从襄阳入均口（湖北均县西），步骑自淅川（今河南淅川）进武关。桓温同时命梁州刺史司马勋通过子午道进入关中，自己率领主力进攻上洛（今陕西商洛市商州区），俘虏前秦荆州刺史郭敬，又进攻青泥城（今陕西蓝田），取得大胜。前秦皇帝苻健派遣太子苻苌、丞相苻雄等率领5万大军在峣柳（今陕西蓝田东南）一带迎战，阻击晋军。苻健三子苻生勇猛异常，带头冲入晋军，击杀10多员晋将。但是，桓温率军顽强抵抗，逼使苻生后退。同时，晋将桓冲又在白鹿原以死伤万人的惨重代价，突破前秦防线。桓温在大败前秦军后继续向长安进发，占据霸上（今陕西西安东郊）。苻健派遣3万精锐出城抗敌，只留6000名老弱士兵留守长安，死守未央宫城，坚壁清野，收缩防线，修筑工事。

桓温离长安近在咫尺，甚至可以远望长安城楼，长安沦陷将近40年后，关中汉族百姓再次见到王师，无不走上街头，夹道欢迎桓温率领的晋军，并送来美酒犒劳晋军。面对这种有利形势，顺阳太守薛珍、北海剧县（今山东寿光）隐士王猛等都劝桓温立刻直取长安，以不辜负关中民众的期望，但是桓温却不为所动，迟迟不下达进攻长安的命令计划做持久战的准备。

三个月过去了，晋军逐渐陷入不利处境。先是前秦苻雄率7000名骑兵，在子午谷打败了司马勋统率的晋军。接着，前秦军在白鹿原与桓温进行大战，杀伤晋军1万余人，使晋军元气大伤。另外，桓温北上时，由于运输困难，无法带足够的军粮。原计划待到关中春麦成熟时，可以割取以解燃眉之急。不料，前秦抢先一步收割了青麦，并且实行坚壁清野政策，使得晋军给养很难获得补充。此时，晋军携带的粮食已经告罄，南方的援粮又不能送达，形势极为不利。

六月，在战事不利和严重缺粮的情况下，桓温只能带领关中3000多户百姓与晋军一起南归。前秦见桓温退兵，率军追击，至潼关又大败晋军，令其伤亡数以万计。尽管东晋司马勋和响应北伐的前凉将领王擢攻破陈仓，但马上也被前秦苻雄所败。司马勋退回汉中，王擢逃奔略阳，桓温的北伐至此结束。

桓温为什么不一鼓作气攻下长安？这成为一个千古之谜。一般认为有以下几种可能性：首先，桓温不具备占领长安、控制关中的实力。桓温的北伐军号称10万，其实只有4万人，并且已经有所损失；前秦军队数量与桓温相当，而且是背水一战，因此桓温并不占据优势。桓温应该清楚攻克长安的难度，即使侥幸占领长安，东晋军也必定死伤大半。之后，不仅无法有效占领前秦控制的广大区域，而且长安反过来还可能成为其沉重的包袱，到时能否顺利返回南方都难以预料，这是最主要的原因。其次，桓温北伐缺乏东晋王室和实力派的有力支持，孤掌难鸣。东晋内部派系林立，桓温很难获得朝廷和大臣的全力支持，从而获得南方源源不断的粮饷供应。另外，东晋王室对于北伐问题极为敏感，派遣桓温北伐也是逼不得已。假如桓温建立收复长安的不世之功，就会令王室疑忌其有篡位之心，可能会受到孤立。再次，桓温北伐的目的可能只在于提高政治威望，而不是真的要收复中原。桓温在东晋不仅有政治资本，而且实际控制了广大的土地，拥有良将雄兵，完全可以在将来取代东晋王室。如果此时占领长安，势必要全力控制关中，进而逐鹿中原，这将消耗自己的实力，更可能不得不放弃其在东晋的基业。成功尚可，可为东晋王室"做嫁衣"；失败的话，将可能存在不可预测的风险，结果可能得不偿失。最后，还有一种可能是桓温已经丧失收复中原的壮志雄心。第一次北伐，桓温已经43岁了，不像35岁时他可以破釜沉舟、孤注一掷，率军灭掉成汉政权。此时，桓温已经权倾朝野，功成名就，凡事只求稳妥，没有统一天下的野心了。

永和十二年（356年），桓温第二次率军北伐，此次进攻方向是洛阳。桓温收复了洛阳，但是东晋王室拒绝迁都洛阳，桓温留兵戍守，并且置陵令，修复各个皇陵后带3000多家归降的平民南归。太和四年（369年），桓温又进行了第三次北伐，率军5万人进攻前燕，因为漕运军粮不济，以及前燕得到前秦的支援，这次北伐最终失败。桓温三次北伐，以第二次北伐成效最大，收复洛阳，使其获得了巨大的政治威望。据《世说新语》记载：桓温北征，经金城（琅邪郡郡治，今江苏句容北），见年轻时所种之柳皆已十围，慨然曰："树犹如此，人何以堪！"攀枝执条，泫然流泪。不知桓温当年离愍帝固守待援的长安近在咫尺，有无此种感慨！当桓温离开长安，使得翘首王师、期待收复中原的东晋遗民旧梦成空，更是"情何以堪"！

桓温自诩才能过人，久怀不臣之心，因此多次发动北伐，希望先建立功勋，然后回朝接受"九锡"（锡通"赐"，指九种特赐用物，分别是：车马、衣服、乐县、朱户、纳陛、虎贲、斧钺、弓矢、秬鬯，记载见于《礼记》。魏晋南北朝时，"九锡"之礼逐渐变成改朝换代禅让模式的固有流程），从而夺取东晋政权。但智者千虑必有一失，第三次北伐失败，桓温弄巧成拙，声望大减，禅让图谋不成。太和六年（371年），桓温带兵入朝，威逼褚太后废黜司马奕，拥立司马昱为晋简文帝。桓温轻行废立，对朝中的异己力量进行严厉打击。宁康元年（373年），桓温患病，逼朝廷加其"九锡"之礼，谢安、王坦之借口"锡文"不好，一再拖延。同年七月，桓温于姑孰（今安徽当涂）病逝，终年62岁。元兴二年（403年），桓温幼子桓玄代晋称帝，建立"桓楚"，追尊桓温为宣武皇帝，庙号太祖。历经两代，桓温如愿以偿，完成了取代东晋的事业。

事实上，西晋灭亡后，中原板荡，五胡角逐，十六国继立，战争不息，生灵涂炭。这种局面之下，民众热烈盼望王师北归，稳定政治局面。而且，此时大多胡族政权军事力量并不强大，不同势力之间攻伐不断，此消彼长，东晋北伐的机会很多，收复故土也并非不可能。但是，东晋士族内部的争斗耗去了国家大部分的力量，使得北伐中原的行动一再延迟，最终无法实现统一。另外，由于东晋军事实力派代表人物的私心和个人野心，北伐或是因为可能触动其核心利益而被掣肘，或是将北伐作为增加政治资本的工具，收复故土的愿望最终化为一场空梦。

四、英雄末路淝水岸
——苻坚"帝国梦"的破灭

在前赵灭亡后的几十年中，中国北方出现了多个异族政权，割据混战不息。后来，氐族人建立的前秦政权迅速强大起来，这是建都长安的第二个政权，也是十六国中唯一统一北方的异族政权。前秦在苻坚的领导下采取一系列开明政策，逐渐实现富国强兵，于是萌生了统一中国的野心，但是由于苻坚的骄傲自大，淝水之战的失败使得苻坚的"帝国梦"化为泡影，前秦帝国也迅速瓦解。

氐是一个历史悠久的民族，自称"盍稚"，"氐"为他族对其的称呼。魏晋以来，"氐"逐渐成为氐人的自称。"氐"的由来，可能与分布在秦陇、巴蜀之间峻坂相接的地势有关。由于氐与羌相邻，先秦人乃视之为氐地之羌，又觉得与羌有所区别，因此称之为"氐羌"，或单称"氐"。西晋末年，略阳临渭（今甘肃秦安东南）氐族贵族苻洪被推举为首领。前赵刘曜以苻洪为氐王，后赵石虎徙关中豪杰及羌戎至关东，以苻洪为流民都督，氐人被迁徙到现在的河北临漳一带。后来，苻洪又投靠东晋，被任命为征北大将军。不久，苻洪率10万氐兵打败羌人，尽占关中。前秦皇始元年（351年），苻洪的儿子苻健自称大秦天王、大单于，建都长安。次年，苻健改称皇帝，国号"秦"，史称"前秦"。

前秦建国伊始就遭遇了东晋桓温的讨伐。苻健采取坚壁清野的政策，经过数次苦战，大挫晋军，使得桓温无功而返。通过这次大战，苻健进一步巩固了前秦政权，并且采取轻徭薄赋、重视农业、提倡儒学、吸引人才等政策，使得多次遭受战乱摧残的关中稍有恢复，出现家给人足的图景。而真正实现前秦富国强兵，并将其建设成为一个庞大帝国的人，则是前秦第三个帝王——苻坚。

苻坚，字永固，小名坚头，苻雄之子，前秦奠基人苻洪之孙，苻健的侄儿。苻雄因辅佐长兄有功，被封为东海王。苻雄死后，苻坚世袭了爵位。据说苻坚生来就与众不同，其背上有谶文曰："草付臣又土王咸阳。""草付"就是"苻"字，"臣又土"就是"坚"字，意思是一个叫苻坚的人要在咸阳称王建立国家，于是家人给其取名苻坚。苻坚自幼聪明过人，八九岁时言谈举止就犹如大人。他潜心研读经史典籍，博学而有才气，胆识过人，喜欢结交豪杰。尽管苻坚从小在关东长大，但对关中也怀有深厚的感情，他曾经登上龙门远眺关中大地，赞叹说："美哉！山河之固。"

前秦皇始三年（353年），苻健病死。因太子苻苌在与桓温的战争中被流矢射杀，所以由第三子苻生继承帝位。苻生天生只有一只眼睛，但成年后可力举千斤，徒手格斗猛兽，走路如同奔马一样飞快，骑射功夫也是一流。桓温北伐时，苻生勇冠三军，曾经单骑冲入晋军，连续击杀10余名晋将，令晋军胆寒。苻生是一名勇冠三军的将领，但其凶残的本性在至高皇权的催化下发挥到极致，成为中国历史上少有的暴君。史书记载，即位后的苻生暴虐至极，杀掉苻健临终前为其指定的顾命大臣。苻生嗜酒，每次喝醉必妄加杀戮，经常弯弓露刃，且将锤、钳、锯、凿等刑具放在身边，召见大臣，令人不寒而栗。即位后，上至公卿，下到仆隶，杀死500余人。吕思勉先生对此有不同见解，认为苻生诛杀大臣，很多出于不得已，因为这些世家大族和官僚对其构成了政治威胁；其余弯弓露刃召见大臣、虐杀臣民等残暴行为大概也多出于史官诬陷和丑化。后来苻生又想杀掉素有威望的苻坚兄弟，反被苻坚先发制人。苻坚发动政变，将苻生囚禁起来，废其帝号，后又逼其自杀。

前秦永兴元年（357年），在朝臣的一致拥戴下，苻坚在长安太极殿登位，号称"大秦天王"，改年号为永兴，实行大赦。十六国时期，关中成为不同民族杂居的地区，民族之间的仇杀此起彼伏。前秦在战乱中建国，政治动荡，法制不全，导致乱象丛生，千里秦川氐族豪强横行，欺压民众。又经历苻生的统治残暴，朝臣人人自危。加上当时水旱灾害频发，百姓流离失所，苦不堪言。苻坚深刻认识到时弊，即位后决心开创清明政治。苻坚深知"明政无大小，以得人为本"的道理，因此广招贤才，大力调整中央最高领导机构。苻坚求贤若渴，提拔重用了一批精明廉洁的汉族士人参与朝政，从而使得前秦异军突起，统一了北方。其中最有影响的就是寒门出身的名士——王猛。

王猛，字景略，北海剧县（今山东寿光）人，少年时家贫如洗，以贩卖畚箕谋生。然而，王猛贫而好学，喜读兵书，胸怀大志，一心要有所作为。因为战乱，王猛流落四方，希望碰到英明之主。东晋桓温北伐时，王猛曾经身穿布衣谒见，"扪虱而谈"，旁若无人，纵论天下大事，滔滔不绝，颇有见地。对于桓温距长安咫尺而不取，王猛洞悉桓温盘算，颇有微词。后来，桓温曾对其许以高官厚禄，王猛认为桓温难有太大作为，东晋王朝已经腐败，于是坚辞不就，隐居于华山。

后来经司隶校尉吕婆楼（吕光之父）推荐，王猛得以觐见苻坚。19岁的苻坚与32岁的王猛一见如故，苻坚有成为一代雄主的志向，王猛有安邦定国之远见，因此苻坚大有刘备"三顾"诸葛孔明之意。二人畅谈甚欢，言语句句投机，相见恨晚。在王猛的精心谋划下，苻坚得以诛杀暴君苻生，登基称帝。王猛以一介寒士，一年五次获得提拔，最后被拜为中书侍郎，参与决策，专掌军国大事。

要进行大刀阔斧的改革，就要整顿吏治，打击豪强势力，为改革的推进扫除障碍。苻坚即位之初就果断处死了帮助苻生作恶的佞臣董荣、赵韶等20余人；为了消除内乱，王猛明白"治乱世须用重典"，因此"明法峻刑"，打击不法贵戚豪强。开国元勋樊世是随苻氏进入关中的氐族豪帅，一向强横不法，胡作非为。樊世居功自傲，当众侮辱王猛，要将王猛的头悬挂于城楼之上。苻坚得知后将其斩首。樊世被杀后，王猛又果断捕杀20多个贵戚、豪强，从此"百僚震肃，豪右屏气，路不拾遗，风化大行"。苻坚赞叹道："现在我才知道天下有法制的好处。"

"教育为百年大计"，苻坚在全国广设学校，推行儒家教化，提升氐族民众的素质，培养治国人才。苻坚本人仰慕儒家学说，为转变氐族民众尚武轻文的传统，仿效汉族政权建立中央太学和地方学校。在长安修建学宫，延聘学有所成的儒家学者，强制公卿以下子弟入学读书。苻坚以身作则，每月亲临太学，探讨儒家经义，品评学生优劣，奖励其学业。在十六国中，前秦"号称多士"。由于苻坚的力行，将学校与官吏选拔结合，前秦形成了重视教育、养廉知耻的风气，不仅为政府储备了人才，也提升了氐族上层的素养，同时也促进了不同民族间的文化交流和融合。

农业是经济振兴之根本，前秦将农业发展作为基本国策。苻坚效仿汉族政权的文化传统，亲自参与耕作，皇后则到郊外养蚕，成为重视农业和纺织业的表率。王猛向农民推广了区种法，提高农作物的产量。同时，大力兴修关中水利事业，调集富户僮隶3万人，凿山开渠，引泾水灌溉农田，使关中的许多盐碱地变成了良田。

苻坚即位后，偃甲息兵，轻徭薄赋，与民休息。针对多年来国家财力耗竭、民生艰难的局面，前秦暂停一切军事行动，使国家财税得以积累，民众得以休息。鼓励民众开垦荒地，开发山林、矿产资源，解除河流、湖泊的捕鱼禁令，予民以利，促进了经济的发展。由于政策贯彻有力，虽然曾经遭遇前所未有的大旱，但是并没有引起太大的饥荒。

另外，苻坚君臣还大力发展交通。据史书记载，从长安到各州大道两边都栽种了槐树和柳树，修建了驿亭，二十里一亭，四十里一驿，为游人和商贩提供了便利。老百姓有歌谣说："长安大街，夹树杨槐。下走朱轮，上有鸾栖。英彦云集，诲我萌黎。"（《晋书·苻坚载记》）可以想象，当时的长安已经一改昔日残破的景象。

经过苻坚和王猛的不懈努力，前秦的经济恢复很快，几年后便出现了安定清平、家给人足的政治气象。前秦国富兵强，迅速崛起。苻坚在内镇压关中匈奴贵族的叛乱，对外则积极开拓疆土，王猛多次率军东征西讨，屡立战功。建元六年（370年），王猛率6万大军东征前燕，苻坚率关中10万精锐增援，以迅雷不及掩耳之势夺取鲜卑族建立的前燕（占据今天的山西、河北和辽宁），占领邺城，兵窥辽东。王猛将4万鲜卑人在内的10万户关东人充实关中，安置于关中各地。几年内，苻坚降服仇池巴氏杨氏，逼吐谷浑纳贡称臣，并灭掉了持续76年的前凉政权。同时，前秦军队还远征西域。当时东北的肃慎、新罗，西北的大宛、康居，甚至天竺都遣使来长安和前秦通好，来长安朝贡者达62个国家，史载"四夷宾服，凑集关中，四方种人，皆奇貌异色"，盛极一时。

王猛作为苻坚的"姜子牙"，辅佐苻坚10年之久，前秦之盛全赖其力，由于操劳国事，事必躬亲，呕心沥血，积劳成疾。苻坚延请全国名医为之诊治，亲自为王猛祈祷，并派侍臣祷告于各地的名山大川。碰巧王猛病情好转，苻坚欣喜异常，下令特赦全国死罪以下罪犯。然而，天妒英才，王猛才51岁就病死了，临终说道："晋国虽然偏居尚未开发的吴越地区，但是承接了中原王朝的正统地位。拥有一个仁爱友善的邻邦，是国家的至宝。我死了之后，希望您不要攻打东晋。鲜卑、羌人才是我们的仇敌，后患无穷，应该将其铲除，以保证前秦的社稷永存。"（《晋书·王猛传》）王猛死后，长安市民"巷哭三日"，苻坚也是悲痛欲绝。苻坚按照汉朝大司马大将军霍光那样的规格，隆重地安葬了王猛，并谥为"武侯"。

经过20多年的努力，苻坚的前秦帝国基本上统一了中国北方，只有地处东南一隅的东晋尚未被征服。建元十八年（382年），苻坚在太极殿召见群臣，计划征集97万大军亲征东晋，豪迈地认为"投鞭于江，足断其流"。苻坚的这一提议，遭到近臣苻融、名僧释道安、太子苻宏，以及宠妃张夫人等强烈反对。相反，前燕降将慕容垂却极力怂恿苻坚出兵，苻坚赐其500匹布帛。次年，苻坚命苻融以25万步骑兵作为前锋，自己则率领60余万步兵及27万骑兵，向东晋进军。大军旗鼓相望，前后绵延千里。十月，苻融攻陷寿阳（今安徽寿县），阻击谢石和谢玄率领的晋军主力。苻坚自率八千轻骑抵寿阳，与晋军隔淝水对峙。苻坚和苻融见晋军军容整齐，怅然失意，并有惧色。谢玄派遣使者对苻融说，双方相隔淝水不便决战，要求秦军后撤，待晋军渡过淝水再战。诸秦将认为在淝水岸边阻击晋军比较安全，苻坚则认为可以趁晋军半渡而击之。但前秦士卒不清楚撤退的原因，一退就全军大乱，马上开始溃退，大将苻融堕马被杀。前秦大军"风声鹤唳，草木皆兵"，拼命逃亡，损失惨重，连苻坚亦中流矢受伤，单骑逃到淮北。

苻坚率领十几万残兵败将败归长安后，下令锻造军器，并监督农业生产，抚恤阵亡士兵，试图重新聚集力量，东山再起。然而，这个多民族组成的庞大帝国已经四分五裂，无法维持。原鲜卑降将慕容垂率领的3万大军完好无损，趁乱控制了关东，建立后燕；前燕皇族慕容泓起兵于华阴，建立西燕；羌族将领姚苌也起兵反叛。前秦帝国烽烟四起，困居长安的苻坚已经"四面楚歌"。

太元十年（385年），西燕皇太弟慕容冲占据阿房城，步步逼近长安。慕容冲12岁时前燕亡国，与其姐一起被纳入苻坚后宫，作为娈童（"娈童"本义是指美少年，"娈"是容貌美好的意思，南北朝时专指与男人发生性行为的男童和少年）侍奉苻坚。此时军势正盛的慕容冲已经取代慕容泓而称帝，其既怀亡国被虏之恨，又深以昔日"枕席胯下"为耻，对苻坚有深仇大恨。慕容冲率大军兵临城下，苻坚仍旧情难忘，回想曾经"鱼水之欢",故送锦袍一袭,遭慕容冲严词拒绝。慕容冲长久围困长安,城中粮食告罄,甚至出现人相食惨剧。后来,苻坚听信谶言"帝出五将久长得",留太子苻宏守卫长安。不久,苻宏带着母妻宗室男女几千骑出奔,百官逃散。慕容冲进占长安,残暴肆虐,纵兵大肆掳掠,死者不计其数。太元十一年(386年),慕容冲畏惧后燕武成帝慕容垂的强盛,不敢东归,便督促农业生产,建筑宫室,在长安做长久安居的打算。不得东归的鲜卑人怨恨慕容冲,遂将其杀死。

苻坚则率领卫队数百人,以及妻子、儿女逃到五将山(今陕西岐山县东北),被姚苌派兵包围。秦兵溃奔,苻坚身边只有10余名侍卫相随。苻坚被俘,随后被缢死于新平(今陕西彬县),年仅48岁的前秦帝国的缔造者就此殒命。在苻坚墓北三里,有一座寺院叫静光寺,旧名"渭泰寺",传说就是姚苌弑君的地方。

淝水之战的失败,与苻坚骄矜自大、指挥不当有直接关系。苻坚出兵时太过轻敌,战争中则严重缺乏自信。苻坚完全可以坐镇后方,没必要亲自率领8000人奔到寿阳前线"作秀",后来居然被晋军吓破了胆,使得本不关涉全局的寿阳之战变成决定前秦与东晋两国存亡的决战。另外,前秦劳师远征,不但统治上层意见不一,伐燕、灭代也已经令士兵有厌战情绪,需要休养生息,因此普通军士的战斗积极性也不高。而且,秦晋双方作战的动机完全不同。前秦是统一"六合"的战争，可打可不打；东晋方面则是打不赢就灭国的生死决战，必须誓死保卫家园。

苻坚作为中国古代杰出的政治家，大力进行改革，加速了关中以氐族为代表的异族的封建化进程，使得长安成为各民族融合的文化熔炉。陈登原先生认为苻坚治国有四大功绩，即文学优良、内政修明、大度容人、武功赫赫（陈登原：《国史旧闻》卷二十二《苻坚》，中华书局，2000年）。历观中国古代君王，真正能做到这四点的可谓寥寥无几。而十六国的混乱时代，大多数出身异族的君主残暴粗鲁、诡诈阴狠，氐族领袖苻坚能有如此作为更属难得。苻坚与王猛君臣相得，相辅相成，实现富国强兵，并开创一代霸业，成为一段历史佳话。但可惜的是，苻坚妄自尊大，好大喜功，崇尚征伐，慕虚名，怀妇人之仁，在内有慕容垂、姚苌等未除之患时大举讨伐晋国，淝水之战一败涂地而终失天下。

五、"无耻"皇帝与一代明君
——姚苌父子的后秦政权

姚苌建立的后秦是十六国时期在长安建都的第三个异族政权，也是长安这一时期最后一个异族王朝。羌族是中国西北地区一个历史悠久的民族，活动于今甘肃、青海的草原地带，过着半农半牧的生活。殷商时期，羌为其方国之一。春秋战国时期，羌人建立的义渠国与秦进行了长期战争，最后被秦国兼并融合。东汉与羌族的战争旷日持久，伏波将军马援曾将羌族数万户迁入关中。到西晋时，羌族已经遍布关中，集中于今大荔、富平、彬县一带，数量达到几十万，占到关中人口的三分之一。

姚苌，字景茂，南安赤亭（今甘肃陇西西梁家营村红崖）人，是羌族首领姚弋仲的第24子（姚弋仲共有42

子）。据记载，姚苌"年少的时候，聪慧明智，善于谋略，生性豁达，任性率真，不修习学业，诸位兄长都觉得他很特别"（《晋书·姚苌载记》），于是得以在众多兄弟中脱颖而出。

后赵灭亡之后，姚苌追随其兄长姚襄投奔东晋，多次参与决策。寿光三年（357年），姚襄想要率领部众返回关中，与前秦战于三原，兵败被苻坚所杀。姚苌不得已率众投降了苻坚。归降前秦后，姚苌充分施展了其军事才能，屡建战功。前秦建元三年（367年），姚苌讨伐羌人敛岐叛乱。敛岐为姚弋仲旧部，闻姚苌至，马上投降。建元七年（371年），姚苌讨伐仇池巴氏杨氏，杨纂恐惧投降。建元十二年（376年），苻坚派姚苌等大举进攻前凉，张天锡出降，前凉灭亡。姚苌功勋卓著，被苻坚授予龙骧将军。苻坚对其说："当年我以龙骧将军的名号建立功业，并没有将其轻易授予他人，你应该更加努力！"左将军窦冲说："王者不能说话不当真，您授予他'龙骧将军'是很不吉利的征兆。"因苻坚曾任"龙骧将军"，姚苌被授此名号确实引人产生联想，有不祥之征，但也反映了苻坚对其的礼遇和器重。

淝水之战后，前秦帝国陷入分裂。北地郡长史慕容泓在关中起兵，建立了西燕。苻坚派遣姚苌辅佐其爱子巨鹿公苻睿前去围剿。苻睿好勇无谋，不听姚苌规劝，孤军深入，遭遇伏兵，不幸战死。苻坚痛失爱子，失去理智，要惩治姚苌。姚苌派遣龙骧长史赵都、参军姜协向苻坚谢罪，不意被苻坚愤怒杀死。姚苌极度恐惧，因此叛亡到了渭北。姚苌作为羌族领袖，素有威望，获得关陇豪强的支持，很快集结5万大军。前秦建元二十年（384年），姚苌率领羌人独立，自称大单于、万年秦王，年号白雀。后来，姚苌先后攻占北地、新平（今陕西彬县）等地，又在新平大破慕容冲5万大军，逼其退出长安。前秦太安二年（386年），姚苌于长安称帝，国号仍称大秦，史称"后秦"，改年号建初。

姚苌投降前秦后忠心耿耿，为前秦统一北方立下了汗马功劳。在慕容垂要光复燕国时，他也极力拥护前秦，维护苻坚的统治地位。但是，当和苻坚决裂后，他对苻坚的背信弃义、无情无义也达到极致。苻坚在长安不敌慕容冲，奔往五将山（今陕西岐山县东北）。姚苌派军包围并俘虏了苻坚，又派人逼取传国玉玺，或要求苻坚禅让，遭到苻坚的严词拒绝，被骂作"小羌叛贼"，于是缢杀了苻坚。姚苌还要将前秦毛皇后纳入后宫，毛氏骂道："姚苌，汝先已杀天子，今又欲辱皇后。皇天后土，宁汝容乎？"姚苌弑其君，夺其国，还要霸占其妻女，被认为"无耻"也不是没有道理。至此，姚苌与苻坚臣君之间的个人恩怨并未完结。姚苌为了掩饰杀死苻坚的"欺君犯上"行为，追谥苻坚为壮烈天王。又因为姚苌与前秦余部苻登屡战屡败，以为是苻坚神灵相助，便于军中立苻坚像进行祈祷。然而，姚苌军仍作战不利，姚苌每天夜里多次被噩梦惊醒，于是斩苻坚像首。另外，姚苌还挖掘了苻坚的坟墓，将苻坚的尸体拖到外面，剥光了衣服，鞭打了无数次，然后铺上荆棘，挖坑埋掉。

可见，姚苌对苻坚的感情极为复杂，恩仇相互交织。昔日作为倒戈而投靠苻坚的臣子，"伴君如伴虎"，充满战战兢兢的恐惧之心；杀死苻坚，荣登帝位之后，更是恐惧与愧疚交织，最终形成了一种喜怒无常、爱恨混合的"变态心理"。君臣关系本就是利益关系，而帝制时代为了争夺至高无上的皇权，父子、兄弟之间尚且丧心病狂，欲除之而后快，更何况是"非我族类"的异族君臣之间，要求"君爱下，臣忠上"只是儒家一厢情愿的说教，现实中却要残酷得多。

姚苌弑君夺国，甚至连国号都沿用前朝，得位极为不正，但其为政却有很多值得称道之处。因为羌族和氐族一样，汉化程度较高，并且占据经济发达、文化积淀深厚的关中地区，于是后秦成为继前秦之后又一个先进、强大的王朝。姚苌继位之后，有下列德政：首先，整顿刑狱，废除苛法，惩治贪官，使前秦末年以来关中地区的政治混乱局面得到了改观。其次，重视节俭。一顿饭只吃一样菜，妻妾不穿绫罗绸缎。如果非必需支出，就要尽力节省；由于与前秦余部的持续战争，甚至将后宫的奇珍异宝充当军费。再次，重视教育和人才选拔。在长安兴建太学，地方设置学官，通过考试来确定成绩，根据德行来任用官员。世家大族有才能者都得到提拔和重用。最后，崇尚先贤、奖励军功、尊敬老人。礼遇功臣、先贤的后人；奖励军功，为战事而死的将帅要升官两级，普通士兵战死，要有褒奖和赏赐；敬老尚德，百姓之中70岁以上有德行的老人，每年要赐给牛肉和酒。

然而，姚苌虽有治国安邦之心，却没有一个安定团结的政治局面。前秦哀平帝苻丕去世后，苻坚的族孙苻登即位，改元太初。苻登为人粗犷，勇猛无比，在将士铠甲上刻有"死休"二字，表明为苻坚报仇雪恨不死不休。每次出战，苻登用300名勇士保护苻坚灵位，以激励兵士，采用长矛步兵和钩刃骑兵结合的大阵，所向披靡。姚苌则是能避则避，绝不与其正面交锋。因此，苻登屡战屡胜，却总是无法彻底击溃后秦。但是姚苌被将近9年的漫长战争拖得身心俱疲，后秦国力也耗费殆尽。

在与苻登旷日持久的战争中，姚苌最终油尽灯枯。姚苌在长安病逝，临终时他对长子姚兴说："你今后对待亲人要有仁爱，对待臣子要讲究礼仪，处理政务要有诚信，管理百姓要有恩德，只要时刻不忘记这四点，我就不必为你担忧了。"尽管后秦与前秦余部的战争还在持续,但姚苌将振兴后秦的希望寄托在太子姚兴身上。姚兴,字子略,姚苌的长子,后秦的第二任国君。姚兴在前秦时曾经担任太子舍人,喜欢讲论经史典籍,有较深厚的儒学功底。他身处乱世,但是强调不以兵戎废弃学业。后秦建国后,姚兴被立为皇太子,年仅24岁。姚苌每次出征,都让姚兴留守长安,处理国事。在这期间,姚兴与一些汉族儒家学者建立了融洽的关系,受到他们极大的影响。

姚苌病逝,后秦局势十分危急。姚兴不仅要对付苻登,还要防范政权内部的各种势力。因此,姚兴秘不发丧,暂缓称帝,自称大将军,决定先清除后秦的内乱。此时,苻登倾其全力向后秦发动进攻,双方对峙于废桥(在今陕西西安鄠邑区)。姚兴命令秦军据守要塞,切断敌军水源,以消耗敌人有生力量。苻登大军缺水,故频频对废桥发动攻势。后秦皇初元年(394年)初夏,姚兴在废桥与苻登展开决战。后秦大获全胜,苻登的军队彻底崩溃,苻登狼狈逃往平凉(今甘肃平凉西)。废桥之战结束了前秦与苻登持续将近10年之久的战争,为将来后秦称霸关陇奠定了基础。同时,这场战争是决定姚兴命运的关键一役,它的胜利极大地提高了姚兴的威望,巩固了其统治地位。

姚兴击败苻登,据有关陇和河东后才即帝位,改元皇初。姚兴是十六国帝王中少有的开明、仁德之君。他在位22年，勤于政事，治国安民，开疆扩土，使得后秦富国强兵，并重新统一北方。

姚兴继位之后，采取了一系列稳定政治局势和发展经济的措施：首先，大力发展农业。下令释放因战乱而沦为奴婢的平民，并吸引流民，为农业发展提供劳动力；关心、鼓励农耕，兴修水利，促进农业的发展。其次，鼓励大臣直言，澄清吏治。鼓励群臣进谏直言，京兆杜瑾、冯翊吉默、始平周宝等上书言事，皆擢升高官；为澄清吏治，姚兴严厉打击贪官污吏；对于比较清廉的臣属，他不仅进行奖赏，还下书表彰，越级提拔。再次，发展教育，提倡儒学。姚兴鼓励中央和地方兴办学校，集中在长安求学的学生有1万余人，并且设立律学（相当于司法学校），招收各郡县官吏就学，完成学业可就任狱讼官。姚兴素以精通经史典籍声闻遐迩，他邀请名儒到长安讲学，政务之暇，常在内宫召见学者，和他们一起讲论经史，辨章学术，错综名理。其中一些优秀学者被姚兴安排在身边，参与机密，起草诏书。姚兴提倡儒学意在维护统治，但也为保存和发扬儒学文化做出了贡献。

为了实现后秦的长治久安，同时出于个人的喜好，姚兴大力推崇佛教，大量建立佛教寺院。后秦弘始七年（405年），姚兴在长安开辟逍遥园，率领群臣亲迎高僧鸠摩罗什，尊其为国师。鸠摩罗什在长安有弟子3000人，组织有800余人参加的大规模翻译佛经事业。姚兴还支持法显赴印度等国取经、访问。"由是州郡化之，求佛者十室之九"，遂使长安成为当时中国的著名佛教中心。但是，佛教的过度膨胀减少了劳动力，耗费了大量社会财富，制约了社会经济的发展。

由于实施上述政治、经济和文化方面的积极举措，关中政治局势得以稳定，经济取得了快速的恢复和发展，后秦国力日益强盛。姚兴在位23年，在军事上也取得了辉煌战果，他先后消灭了前秦（苻登）、西秦（乞伏国仁）、后凉（吕光）等势力，统一了关陇地区；同时东与北魏、东晋抗衡。后秦弘始元年（399年），姚兴率兵攻打东晋，一举攻陷洛阳，迫使晋军南撤，东晋淮、汉以北地区纷纷降秦，后秦疆域"南至汉川，东逾汝颍，西控西河，北守上郡"（《读史方舆纪要》卷三《历代州域形势三》），几乎控制了中国的整个黄河、淮河、汉水流域，国力达到顶点。

但是，在表面繁盛的背后，后秦也存在严重的内忧外患。姚兴为了将匈奴部族作为北方的军事屏障，极力扶植刘屈孑（后改名赫连勃勃），令其收集旧部。但刘屈孑是个"白眼狼"，日益强大后，背叛后秦，自称天王、大单于。自此，姚兴陷入与赫连勃勃的苦战之中。由于后秦连年对外征战，国力日渐削弱；对内不断增收杂税，民族矛盾和阶级矛盾日益激化。加之姚兴诸子不和，太子姚泓宽厚、懦弱，爱子姚弼骄横，遂使政局动荡不安。后秦弘始十八年（416年），姚兴病重，太子监国，姚弼党羽试图谋反篡位，姚兴忍痛处死姚弼。同年，姚兴病死，终年51岁。次年，东晋刘裕大举北伐，乘乱攻入关中，夺取长安。姚泓举族投降东晋，后秦灭亡，享国32年。

六、东晋复国梦的绝唱
——刘裕收复长安与北伐失败

"驱除鞑虏,恢复中华"应是东晋"移民"100多年来魂牵梦萦的理想,为此不少仁人志士进行了多次北伐,但均以失败告终。当东晋日暮途穷、行将就木之际,刘裕领导的义熙北伐(416—418年)却收复了长安,这是历次北伐中离成功最近的一次。恰如临终之人的回光返照,"金戈铁马,气吞万里如虎"的北伐战争也成为东晋的"催命符"。和桓温北伐类似,人们总为义熙北伐的草草收场、功败垂成而叹惋,其实大可不必。这本来就是刘裕为取代东晋而进行的铺垫。

刘裕,字德舆,小字寄奴,原籍彭城(江苏徐州)。据说是汉高祖的后人,但出身寒门。史载其"奉继母以孝闻",应该很早就死了亲生母亲,后来父亲也

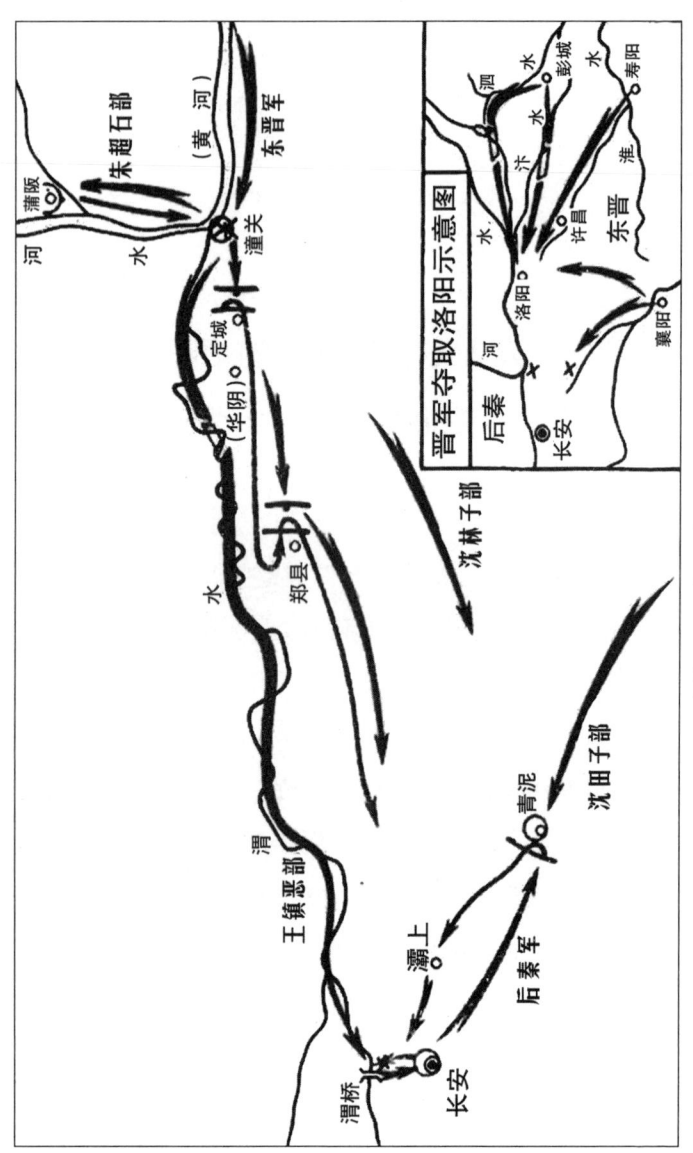

刘裕灭后秦示意图

死了，就成了孤儿。青少年时期的刘裕生活贫苦，为了谋生，想尽了办法。他曾经编草席、鞋子到集市上卖；当过农民，耕种过田地；还干过上山砍柴、下河打鱼等营生。但是，这并没有让其生活境遇有所改观。一次还因为赌博欠债，被债主捆绑、关押。由于生活落魄，刘裕一向遭乡人轻视。这段艰辛的人生经历刻骨铭心，令刘裕难以忘怀，史载："高祖（刘裕）既贵，命藏微时耕具以示子孙"（《资治通鉴·宋纪》），当了皇帝的刘裕还保留着自己当年使用过的农具，成为教育生活奢侈的儿孙的"道具"。

太元二年（377年），东晋为了应对北方强大的前秦帝国，积极扩充军备，于是谢玄在广陵招兵买马，组建北府兵。东晋隆安三年（399年），36岁的刘裕走投无路，报名参加了北府兵。因刘裕身高七尺六寸（约1.86米），相貌堂堂，受到器重，最终被任命为北府军将领冠军将军孙无终的司马。同年，五斗米教领袖孙恩等在会稽（今浙江绍兴）起兵反晋，朝野震惊。晋廷派前将军刘牢之前往镇压，刘裕转入刘牢之的麾下，担任参军。刘裕在这场战争中崭露头角，表现出非凡的军事才能。元兴元年（402年），军阀桓玄杀入建康，废白痴晋安帝司马德宗，自称大楚皇帝。次年，刘裕与刘毅、何无忌等27人在京口起兵。义熙元年（405年），刘裕击溃桓玄，迎晋安帝复位，自此大权在握。义熙六年（410年），刘裕进行第一次北伐，消灭了南燕，皇帝慕容超被押送建康，斩于菜市口，鲜卑慕容部建立的政权自此全部谢幕。义熙七年（411年）又镇压了孙恩妹夫卢循的起义。义熙九年（413年）派兵西攻谯纵，收复了巴蜀。

早在义熙四年（408年），刘裕讨灭了桓楚后，已经位极人臣，权势日隆，终获授侍中、车骑将军、开府仪同三司、扬州刺史、录尚书事、徐兖二州刺史，入掌朝政大权。后来刘裕发动一系列战争，使东晋基本统一了中国南方，也使其政治地位得到进一步巩固。义熙十一年（415年），刘裕获得晋室剑履上殿、入朝不趋和赞拜不名的崇高礼遇。次年正月，更获加领平北将军、兖州刺史、都督南秦州诸军事。至此，刘裕一人已经都督徐州、南徐、豫、南豫、兖、南兖、青、冀、幽、并、司、郢、荆、江、湘、雍、梁、益、宁、交、广、南秦共二十二州。此时，东晋的军政大权完全落入53岁的刘裕手中，其党羽遍布朝野。但是，这并不是刘裕人生的终极目标，他还想建立更大的军功，树立更高的威望，以便取代东晋王朝，夺权称帝。

义熙十二年（416年），定都长安的后秦君主姚兴病逝，太子姚泓继位。后秦统治集团内部斗争异常激烈，政权动荡不安。另外，北魏控制河东、河北，赫连勃勃的大夏崛起于朔方，均对后秦构成威胁。刘裕认为这是灭亡后秦的良机，就以长子刘义符留守建康，任命刘穆之为尚书左仆射，在内掌控朝政，对外提供军粮。自己亲自率领大军北伐，分兵六路，水陆并进，合击长安。

北伐诸军之中，以龙骧将军王镇恶、冠军将军檀道济一路最为神速，该军由淮、泗进取许昌、洛阳，后秦诸州皆望风降附。次年二月，王镇恶等抵达关中的东门——潼关，才开始遭到后秦的抵抗。此时，建武将军沈林子统率的水军也一起合攻潼关。同年正月，刘裕率大军从彭城北上。此时北魏派重兵驻守河北，刘裕进军缓慢。在潼关战场，后秦据险以守；檀道济军粮道为秦将姚绍截断，幸运的是得到当地百姓的支援，晋军才转危为安。王、檀向刘裕求援，而刘裕却为北魏军牵制，自顾不暇。四月中旬，刘裕进至洛阳。八月，刘裕抵达潼关，与诸部会合，并重新部署诸将。由王镇恶率领水军由黄河入渭水，逼向长安东的渭桥。此时正值后秦姚难由香城（今陕西大荔东）率军西撤，王镇恶击败秦军，姚难逃回长安。同时，姚泓为缓解两面受敌的危局，谋划先消灭从武关进入关中的沈田子军，于是率步骑数万急趋青泥（今陕西蓝田县南）。沈田子军本为疑军，不过千余人，但各自为战，骁勇异常。姚泓久居深宫，看见如狼似虎的晋兵直扑过来，魂飞魄散，拨马先逃。秦军毫无斗志，丢弃甲仗、器械无数，败还长安。青泥一战，秦军主力丧失殆尽。最终，王镇恶统率的水军一举攻陷长安，姚泓率群臣投降，立国30余年的后秦灭亡。

晋愍帝败亡百年后晋军再次进入长安。义熙十三年（417年）十一月，刘裕率军进入长安，整肃军纪，抚慰百姓，稳定了长安局势。刘裕本想在长安稍作休整，再进一步经略关中。然而，在建康代掌朝政的尚书左仆射刘穆之突然病逝。刘裕害怕朝中局面失控，导致政权旁落，便决定返回建康。三秦父老听说刘裕要离开长安，数十人长跪军门，流泪挽留道："晋国的遗老遗少丧失天子的教化已经100年了，再次看到晋军的服饰衣冠，每个人都相互庆贺。长安的十座陵墓，都是国家的陵园；咸阳的宫殿、城楼，都是国家的宅院。舍弃了这些，你们还想要什么呢？"由此可见关中民众对王师的殷切期望！

刘裕短暂停留不到两月，就仓促离开长安。临走之时，留12岁的儿子刘义真为安西将军镇守长安，都督雍、梁、秦三州诸军事，统率1万晋军镇守关中。令长史王修、司马王镇恶、参军从事沈田子等文武大臣辅佐刘义真，处理长安军政大事。刘裕北伐能够收复长安，以王镇恶和沈田子功劳最大。王镇恶贪赃枉法，但由于其王猛孙子的特殊身份，深得关中民众拥戴。沈田子不满王镇恶，散布谣言说王镇恶要杀尽南人，占据关中为王。年幼的刘义真贪图享乐，对政事毫无兴趣。王修多次规劝刘义真，反而遭到怨恨。一日，先是沈田子以谋反罪名擅自杀死王镇恶，后王修又以擅杀大将的罪名斩杀了沈田子。不久，听信谗言的刘义真又派人刺杀了向来足智多谋的王修。长安晋军内部连续三次自相残杀，元气大伤，致使"人情离骇，无相统一"。成为"孤家寡人"的刘义真惊恐万分，将屯驻长安周边州县的驻军召入长安，试图闭门自守。

此时，匈奴大夏国赫连勃勃建都统万城（今陕西靖边白城子），占据陕北一带，兵强马壮，虎视眈眈，密切关注关中局势，时刻准备南下长安，称王关中。刘裕仓促东归，东晋守军诸将互相残杀，给赫连勃勃可乘之机。赫连勃勃尽取渭北诸县，屯驻咸阳，并切断了长安城的粮食供应。被大夏军包围于长安孤城的刘义真走投无路，只能撤离长安。刘义真贪恋长安金帛女色，晋军一路抢掠，满载城中财宝、美女而归。缓慢行至青泥，大夏军追到，疯狂砍杀，如入无人之境，晋军全军覆没，刘义真单骑逃归江南。

义熙十四年（418年）十一月，赫连勃勃进入长安，长安收复不到一年五个月，再次落入匈奴建立的大夏之手。长安经历这一劫难，前朝宫殿再次化为废墟，军民伤亡惨重。赫连勃勃返回统万城，留世子赫连璝镇守长安。

综观刘裕北伐，开始势如破竹，威震八方，辛弃疾为此留下了"想当年，金戈铁马，气吞万里如虎"的名句；后来却草草收场，长安得而复失，晋军全军覆没。占据长安、收复关中使得刘裕的声望达到了顶点，为其取代东晋铺平了道路。义熙十四年（418年），刘裕受封为相国、总百揆、扬州牧等，建立"宋国"，受封为宋公，并受"九锡"之礼。此时的晋安帝司马德宗愚笨、口吃，甚至连饥饱、冷暖都不知道，行动也要依靠他人扶持，完全是个政治傀儡，朝政被刘裕掌控。同年，刘裕命王韶之将司马德宗杀死，另立司马德文为晋恭帝。元熙二年（420年）六月，恭帝司马德文将帝位禅让给刘裕，东晋灭亡；刘裕即位为帝，改国号为"宋"，改元永初。

虽有吕思勉等学者否定了北伐是为了篡位的说法，但一般史学界认为刘裕北伐正是其篡位的证据。刘裕作为一个"理性"的政治家，将自己的帝王梦凌驾于东晋一统天下的理想之上，本无可厚非。事实上，"皮之不存毛将焉附"，没有对东晋建康政权的牢牢控制，刘裕占据强敌环伺的孤城长安也毫无意义。这种局势，作为旁观者可能更加清楚，大夏谋臣王买德曾说："关中地理位置优越，地势险要，而刘裕以幼子刘义真留守，狼狈返回建康，是着急要篡夺东晋政权，没有空闲关注中原的形势。"(《资治通鉴·晋纪四十》)长安与建康孰轻孰重?刘裕心中很清楚。对刘裕来说,北伐就是为自己捞取取代东晋的政治资本。北伐的胜利果实会转化为他篡位的基石,而一旦出现对篡位产生不利影响的状况,北伐的成果便可以被毫不吝惜地放弃。然而,刘裕最终还是胜利了,因为通过北伐后秦、占领长安,已经使他捞够了君临天下的政治资本。

第三章 帝国的崛起
——关陇集团与长安的复兴

刘裕义熙北伐并没有实现中国的统一，只是成就了南朝宋取代东晋。东晋元熙二年（420年），中国南方进入"南朝"时代。同时，义熙北伐打破了中国北方相对稳定的政治秩序，后秦帝国灭亡，不同民族间的大混战再次开始。这一时期，鲜卑族建立的帝国——北魏逐渐崛起，北方开始进入"北朝"时代。这一时期，关陇集团逐渐形成、成长、壮大，成为北方主导性的政治势力。长安在经历一个半世纪的腥风血雨后，涅槃重生，文明的曙光将再次照亮东方，一个全新的时代即将到来。

一、雄才大略的"灭佛"皇帝
——拓跋焘与长安

鲜卑为东胡的一支，因居于鲜卑山而得名。两汉之际，鲜卑逐渐强大，取代了匈奴在漠北的地位。西晋前后，活动于西拉木伦河和老哈河流域的东部鲜卑分为慕容、宇文、段氏、乞伏及吐谷浑诸部，先后建立前燕、西燕、后燕、南燕、西秦等国。留居鲜卑山的拓跋氏较为落后，迁转游牧于云中（今内蒙古托克托）一带。后赵建武六年（340年），拓跋什翼犍建立代国，定都云中郡盛乐宫，后被前秦苻坚所灭。淝水之战后，拓跋珪复国，迅速崛起，后迁都平城（今山西大同），改国号为魏，史称"北魏"。到北魏太武帝拓跋焘，平定关陇地区，再次统一了北方，最终形成南北朝对立的政治格局。

拓跋焘，字佛狸。明元帝拓跋嗣长子，母明元密皇后杜氏，北魏第三位皇帝，也是北魏最具雄才大略的帝王之一。拓跋焘"体貌瑰异"，相貌和身材与众不同，因此在诸子中脱颖而出，得到其祖父拓跋珪的青睐。拓跋珪说："将来能达成我的事业的，必定是这个孩子！"于是隔代钦定拓跋焘为北魏皇帝的接班人。北魏泰常七年（422年），明元帝封拓跋焘为泰平王，令其总管朝中事务。拓跋焘聪明豁达，应对自如。次年，明元帝拓跋嗣去世，拓跋焘继位，就是后来的北魏太武帝。拓跋焘继位之后，充分展示了自己的政治智慧。他打破了长久以来的政治禁锢，消除不同政治派别的矛盾；打开仓库，赈济灾民；吸引因战乱四处漂泊的河南流民，在国内得到一致的拥护。

拓跋焘继位时，正值刘裕灭后秦不久。此时，赫连勃勃暂时统一了关中，但是由于赫连勃勃统治残暴，人心不附，为后来拓跋焘统一关陇提供了机会。赫连勃勃原名刘勃勃，字屈孑，匈奴铁弗部人，是匈奴左贤王去卑的后代，与匈奴汉国刘渊同族。后来铁弗匈奴强大，自信心爆棚，为了去"汉化"，取"徽赫实与天连"之意，因改刘为赫连氏；又认为匈奴乃大禹后裔，因此定国号为"夏"。赫连勃勃身材高大，有八尺五寸，聪慧善辩。后秦姚苌父子很赏识赫连勃勃，以为他是"济世之才"，资助其军马，委以重任，驻守要地，却不幸养虎遗患。姚兴统治后期，赫连勃勃成为后秦的心腹之患，不断出兵骚扰其北境，使姚兴疲于奔命。北魏泰常三年（418年），赫连勃勃攻占咸阳，全歼刘义真统率的晋军，进据长安。同年，赫连勃勃在霸上筑坛，即位称帝，改元昌武。次年，群臣请求赫连勃勃迁都长安，但其尚有自知之明，说："朕难道不知道长安是历朝古都，有着山河环绕的稳固！但是荆、吴偏远，势必不能成为大患，东边北魏和我们有共同的边境，离北都城才数百里，如果定都长安，北都城恐怕会有守不住的忧患。朕在统万，他们不敢渡过黄河。"但是从后事看来，其看法或许缺乏远见，或是缺乏自信的表现。吴洪琳认为，赫连勃勃表现出一种极为矛盾的心理状态：一方面，民族意识及民族自豪感增强，将冒姓汉朝宗室的"刘"姓改为胡族特征非常明显的"赫连"氏，刻意强调和凸显其民族特征；另一方面，面对博大精深的汉文化又表现出一种极度自卑的心理，由此导致了一些政策上的失误。赫连勃勃在长安设置"南台"，以儿子赫连璝为南台尚书，兼领雍州牧，镇守关中，自己仍回统万城，以后宫殿建成，再改元真兴，刻石纪功。至此，关中、陕北都落入大夏控制之中。

赫连勃勃统治暴虐，残酷嗜杀，狂妄傲慢，关中民众深受荼毒。赫连勃勃平时随身携带弓箭，有人敢直视则刺瞎眼睛，敢进谏则割舌，敢耻笑则豁开嘴唇。他曾经屠杀南凉万人，将其尸体修筑为"京观"，称作"骷髅台"。修筑统万城时，蒸土筑城，如铁锥能刺入城墙一寸，就要杀掉筑城者；打造兵器，如射不到铠甲里就杀掉制弓的匠人，如能射入，就杀制作铠甲的匠人，"凡杀工匠数千"（《晋书·赫连勃勃载记》）。大夏是一个完全建立在暴政基础上的政权，赫连勃勃的统治使得"夷夏嚣然，人无生赖"。大夏真兴六年（424年），赫连勃勃想要废掉太子赫连璝，而立幼子酒泉公赫连伦。赫连璝听说后，从长安起兵7万攻讨赫连伦。赫连伦率3万骑兵迎战，双方激战于高平（今宁夏固原），结果赫连伦败死。没想到"螳螂捕蝉，黄雀在后"，赫连勃勃第三子太原公赫连昌领1万骑兵又出其不意杀死了赫连璝，吞并其部众8万余人。对于兄弟间为了争夺权力手足相残，赫连勃勃看在眼中，认为赫连昌够阴狠、够无情，符合其认定的王者个性。于是，赫连勃勃便立赫连昌为太子。次年，赫连勃勃死，赫连昌继位，改元承光。

北魏始光三年（426年），太武帝拓跋焘利用大夏政权更替之际，从平城发兵大举西征大夏。十一月，由于黄河冻结，拓跋焘率领2万轻骑过河，屯驻黑水，距离统万城只有30里。赫连昌可谓"内战内行，外战外行",出战大败,只能固守统万城。由于统万城太过坚固,拓跋焘诛杀大夏臣民4万人,抢掠万户而归。与此同时,魏将奚斤率领45000人进入关中,赫连昌的弟弟赫连助兴不战而弃守长安。

次年,赫连昌见魏军主力撤离统万城,便派其弟赫连定率2万人反攻长安。魏将奚斤死守长安,两军相持不下。拓跋焘闻讯后,再次兴师伐夏。六月,拓跋焘到达统万城下,将主力藏于山谷,只带偏师诱敌深入。赫连昌中计,自率步骑3万出城迎战。夏军遭到伏击,士卒战死万余人。赫连昌来不及入城,逃往上邽(今甘肃天水)。次日,拓跋焘兵不血刃进入统万城,俘虏大夏王公将相及后妃1万余人。赫连定听说统万城失守,也逃往上邽,奚斤追击,但由于轻敌战败。北魏神䴥二年(429年),拓跋焘再次出师讨伐赫连定,在鹑觚原(今陕西长武)大败夏军。魏军乘胜进入安定(今甘肃泾川北),再占平凉(今甘肃平凉)。拓跋焘大赦秦、雍两州百姓,免其租税7年。获知赫连定战败的消息,长安、武功等大夏守将纷纷弃城而走,关中开始纳入北魏版图。

历经后秦与东晋、东晋与大夏、大夏与北魏的旷日持久的战争,稍有恢复的长安城再次遭到破坏。长安纳入北魏控制后,政局终于趋于稳定。拓跋焘任命部将王斤为假节、镇西将军,负责镇守长安,自率主力东归。然而，王斤骄傲自负，不顺从法度，任意征调百姓服劳役，民众不堪忍受。关中有民众数千家南逃到汉川，王斤却将责任归于雍州刺史阳文祖和秦州刺史任延明。太武帝召见二人问明情况，方知二人是被王斤所诬陷，就派宜阳公伏树前往调查，查实王斤数十条罪状，于是将其斩首。

北魏神䴥三年（430年），赫连定挟持关陇地区10万民众向西逃窜，消灭了枹罕（今甘肃临夏东北）鲜卑乞伏部建立的西秦，但遭到吐谷浑骑兵的突然袭击。赫连定被吐谷浑俘虏后，被移交给北魏杀害，大夏自此灭亡。大夏末代皇帝赫连昌被拓跋焘俘虏后，被送往平城，招为妹夫，封为秦王。四年后叛魏，逃亡时被杀。至此，在中国北方活跃数百年的匈奴彻底退出历史舞台。

拓跋焘攻灭大夏，威震关陇，各地割据势力争相归附。但北魏都城远在平城，不免鞭长莫及，对关中的控制较为松散。长安作为关中的核心区域，政治、军事地位极为重要。拓跋焘任命性格沉稳、宽厚仁慈的拓跋范为侍中、都督秦雍泾梁益五州诸军事、卫大将军、开府仪同三司、长安镇都大将，并选拔德高望重的平西将军崔徽、征北大将军张黎担任副将，共同镇守长安。拓跋范谦虚恭谨，对待属下宽厚体谅，尽力安抚和接纳百姓，因此深受民众称赞。崔徽顾全大局，张黎清廉公正，使当地政务简单，刑法合理，役少税轻，因此关中地区得以安定和休养生息。不久，内附的休屠匈奴酋长金崖与北魏安定镇将延普及泾州刺史狄子玉争权，发生火并。延和二年（433年），拓跋焘调兵征讨，并亲巡河西。为防不测，他令镇守长安的拓跋范加强戒备，调发秦、雍1万人驻守。在长安城内再筑小城，以加强长安城的防卫。当时三秦地区频繁遭受贼寇、战乱之祸，百姓流亡。拓跋范上书太武帝，请求简化刑法、减轻赋役，于是太武帝下令减轻徭役，令民众得以休养生息。

5世纪上半叶，由于原来进入关中的少数民族汉化程度较高，与后起的拓跋鲜卑产生激烈的文化对抗。当时，北魏还没有严格的土地制度，国家的经济来源主要依靠掠夺；官员也没有按时、按量给予的俸禄，只能设法从百姓手中巧取豪夺；一些贵族甚至掳掠平民为奴隶，毫无法度可言。因此，尽管北魏初年委派至长安的一些官员还比较得力，有所作为，但是关中地区的社会矛盾包括民族和阶级矛盾仍然极为尖锐。

北魏太平真君六年（445年），卢水胡人盖吴在陕北杏城（今陕西黄陵西南）起义，关中大乱。盖吴起义声势浩大，迅速得到氐、羌等族以及河东薛氏3000余家的支持，聚集了10余万大军，很快控制了今陕西渭河以北的广大地区。盖吴在政治上获得了南朝刘宋政权的支持，亲自率领5万义军主力，多次打败长安城中的魏军，使得长安成为北魏在关中的唯一据点。史载"（北魏）东西狼顾，威形莫接，长安孤危，河、洛不戍"（《宋书·索虏传》），北魏在关中的统治陷入空前危机之中。

同年十月，魏廷急调高平镇骑兵增援长安，使得盖吴不能威胁长安，并开始对起义军进行反扑。不久，拓跋焘亲率6万精锐骑兵西征，进入长安。一个偶然的机会，拓跋焘到一个种有小麦的佛寺观看马匹。寺中僧人宴请了拓跋焘的随从人员，从官无意中进入僧人的屋子，看见里边陈放了很多弓箭、矛盾等兵器。本来就对道教怀有好感、讨厌佛教的拓跋焘听到报告非常生气，认为"僧人本不需要兵器，一定是要和盖吴叛军勾结，想要谋反"。拓跋焘命令有关部门诛杀全寺僧众，查抄其财产，发现寺院内还有很多酿酒的器具，以及州郡长官和豪富所寄放在寺庙数以万计的不义之财，甚至还有僧侣们隐匿妇女，肆意荒淫的地下石窟居室。长安佛寺的腐败、不法行为使拓跋焘大为震怒，崇奉道教的宰相崔浩乘机劝说其灭佛。结果拓跋焘断然下令，全国沙门一律坑杀，佛教经卷、神像全部烧毁。于是发生过"焚书坑儒"的长安再次出现"焚经坑僧"的惨祸。这一灭佛活动持续了十四五年，从长安扩展到关中地区，以至整个中国北方，对后世产生了深远的影响。

严厉打击佛教的同时，拓跋焘继续镇压盖吴起义。太平真君七年（446年）二月，拓跋焘扫荡了关中义军的据点，盖吴被迫退入山中。不久，盖吴整军再战，重建政权。拓跋焘倾全国之力进行镇压，双方均损失惨重。八月，盖吴的两位叔叔投靠了北魏，诱杀了盖吴。盖吴余部坚持斗争数年后，最终被镇压。尽管盖吴起义没有对长安造成直接和严重的破坏，但是一次偶然事件的发生却诱发了长安佛教的"无妄之灾"，导致长安佛教受到毁灭性打击，甚至引发了全国性的灭佛活动。另外，盖吴起义被镇压后，拓跋焘"迁徙长安的能工巧匠二千余家到平城"（《魏书·世祖太武帝纪》），这一记载说明北朝初期长安经济已有所恢复，同时也表现出由于拓跋鲜卑的落后和野蛮，长安经济遭到了较大的破坏和掠夺。

拓跋焘不但统一了中国北方，而且多次大举进攻南朝（宋），昔日繁荣的刘宋江北六州化为一片焦土，彻底结束了刘宋"封狼居胥"的梦想，使得刘宋"仓皇北顾"，最终实现了南北势力的平衡。但是，拓跋焘统治晚年，脾气暴躁，滥施酷刑，杀戮太多，又受到宗爱煽动，逼死了太子拓跋晃，导致国内政治混乱。北魏正平二年（452年），拓跋焘被中常侍宗爱密谋杀害，时年45岁。

拓跋焘是一个雄才大略、英明果决、军事和政治才能杰出的异族君主。其武功卓绝，不断西征，平定关陇，统一了中国北方，为北方经济恢复提供了条件。拓跋焘还南攻刘宋，形成中国南北朝对峙的政治格局。但是，在统一战争中，拓跋鲜卑的落后性、残忍性也表现得很突出，给北方民众带来巨大的灾难，尤其是带有统治者个人强烈主观偏见、简单、残暴、激进的灭佛措施，除了一定程度上有经济方面的积极意义外，事实上也造成了中国古代一场巨大的文化灾难和浩劫。

二、"王子"复国记
——萧宝夤与长安的齐政权

北魏孝文帝（471—499年）改革，实行了一系列汉化措施，确立了中国正统王朝的基本制度，使得北魏达到了鼎盛。但激进、全方位的改革也造成了北魏社会的"撕裂"，激化了社会矛盾。周建江认为，孝文帝迁都洛阳丧失了拓跋贵族集团的强有力支持，造成洛阳新贵与平城老人之间的疏离和对立，导致统治集团内部的分裂，酿成日后北魏的政治危机，伏下了北魏衰亡的契机。另外，郝松枝也认为，北魏孝文帝改革实现全盘汉化，尤其是大定姓族、对门阀士族制度的移植，使得尚无文化积淀可言的鲜卑贵族迅速腐化，也进一步导致北魏亡国。到了孝明帝元诩统治时期（515—528年），元魏王朝逐渐出现衰败景象，政治腐败，赋役繁重，社会矛盾日益激化。北魏末年，北方六镇戍卒和各族民众反叛，河北、关陇也云集响应。其中，以莫折念生、万俟丑奴领导的关陇起义持续时间最久。北魏派遣南齐降将萧宝夤前往镇压，对起义造成沉重打击。然而，萧宝夤这位来自萧齐的王子却怀有不臣之心，试图"火中取栗"，在长安建立了短暂的大齐政权，使得北魏末年的关中政治局势更加风云变幻。

萧宝夤，字智亮，南齐宗室，北魏将领，为南齐明帝萧鸾的第六个儿子，东昏侯萧宝卷同母弟，原为南齐建安王。南齐永泰元年（498年），萧宝卷继位，萧宝夤被任命为使持节、都督郢司二州军事、征虏将军、郢州刺史，不久又晋封前将军，统领石头城军事。然而，萧宝卷昏庸无道，治国无方，为了强化统治，只知道滥杀功臣，引起朝野的不安。永元三年（502年），改封萧宝夤为鄱阳王。雍州（今湖北襄樊）刺史萧衍自襄阳起兵，很快包围台城（东晋至南朝时台省和皇宫所在地，位于今南京），城中禁卫军杀死萧宝卷。萧衍取代萧齐政权，建立南朝梁，就是后来的梁武帝。萧衍即位后，开始"清洗"南齐宗室，萧宝夤在随从的帮助下侥幸逃脱。

为了活命，16岁的萧宝夤充满恐惧地开始了逃亡之旅。自幼锦衣玉食的他脱掉华贵的衣服，换上黑布短袄，腰间系着千余文钱。他赤脚来到长江边上，登上了事先藏在江边的小船。为了躲避巡查和追捕，萧宝夤驾着小船，扮作垂钓之人，在长江边上漂流了10余里，方才脱离险境。萧宝夤抵达长江西岸后，冒险逃到百姓华文荣家中。华文荣叔侄三人深明大义，带着萧宝夤逃进山涧，雇了一头驴让他骑乘，昼伏夜行，将他送到北魏辖区寿春（今安徽寿县）。由于长期徒步逃亡，萧宝夤形容憔悴，犹如一个被贩卖的奴隶。北魏的扬州刺史、任城王元澄获知他是萧齐王族，很重视此事，派出车马、侍卫前去迎接。元澄对萧宝夤以宾客之礼相待，萧宝夤也依照礼制行事。

北魏景明四年（503年），萧宝夤抵达北魏都城——洛阳。他任凭风吹雨打，长久跪伏在北魏宫门之外，请求北魏出兵讨伐梁朝，大有"申包胥哭秦廷"之意。北魏宣武帝任命萧宝夤为都督东扬等三州诸军事、镇东将军、扬州刺史、丹阳公、齐王等，大举讨伐梁朝。此后，萧宝夤招募数千勇士，多次击败梁军，建立了赫赫战功。梁武帝曾引诱萧宝夤归降，但他不为所动，一心只想报仇雪耻，恢复齐国，因此屡次请求出镇边疆。主政边地期间，他勤于政事，多受官民爱戴。正光二年（521年），萧宝夤被朝廷征拜为车骑大将军、尚书左仆射，都督徐州东道诸军事。

北魏正光五年（524年），爆发了六镇起义。北魏在北边境设置的六个军镇，自西而东分别为沃野、怀朔、武川、抚冥、柔玄、怀荒，将卒多为拓跋部贵族及其成员。由于其待遇及升迁不如洛阳鲜卑贵族，故发动反汉化暴动。起义爆发后关陇各族纷纷响应。高平镇（今宁夏固原）民众暴动，推举敕勒族酋长胡琛为领袖，号称高平王。秦州治所上邽羌族领袖莫折大提举事，生擒刑罚严酷的太守李彦，自称秦王。不久，莫折大提去世，四子莫折念生接管义军，自称天子，设立百官，建立政权。莫折念生展开一系列攻势，派弟弟莫折天生出兵陇东，攻陷岐州（今陕西凤翔），又进犯雍州（治所为今陕西西安），并屯兵于黑水。北魏对关陇局势非常忧虑，以京兆王元继为太师、大将军坐镇长安，指挥魏军诸军镇压义军。同时，魏廷任命萧宝夤为开府、西道行台、大都督，令其率部西征。孝昌元年（525年），萧宝夤与大都督崔延伯率军5万在黑水西大破莫折天生，10万义军被俘虏杀害。莫折天生余部退出关中，丧失岐州（今陕西凤翔），又因为与高平王胡琛矛盾激化，于是投降萧宝夤。此时，高平义军不断壮大，派大将万俟丑奴东征，进攻泾州。萧宝夤率领12万大军征讨万俟丑奴，由于轻敌，损失魏将崔延伯。魏军战败之后，莫折天生杀北魏监军，与胡琛联合，再次反叛。胡琛死后，万俟丑奴统领高平余部。

孝昌三年（527年），万俟丑奴大败魏军。萧宝夤因出兵日久，军将疲惫，统率的10万大军也被歼灭殆尽，于是率领万余残军败退到长安。萧宝夤抵达长安后，收聚离散的兵马，试图东山再起。但因为军队损失巨大，萧宝夤被削职为民。此时，义军军威大振，一直打到长安城下，几乎占领了除长安之外的整个八百里秦川。四月，朝廷又起复萧宝夤为征西将军、雍州刺史、假车骑大将军、开府、西讨大都督，让他总领关陇平叛事宜。在萧宝夤的攻击之下，义军发生严重内讧。秦州常山王杜粲突然杀害了莫折念生满门，投降了萧宝夤；南秦州城义军首领辛琛也派遣使者投降。此时，不仅昔日岌岌可危的关中被收复，作为起义肇始之地的安定、秦州也为北魏所有，起义陷入低潮。

然而，尽管萧宝夤因镇压义军功勋卓著，被魏廷晋封散骑常侍、车骑将军、尚书令等职，但是由于他连年征战关陇义军，自身伤亡惨重，军费开支巨大，导致北魏统治阶层的强烈不满。此刻，关陇义军已经基本剿灭，朝廷没有了心腹之患，但是萧宝夤却在关中拥兵自重，不免受到魏廷的猜忌。另外，辞职的前西道行台、雍州刺史杨椿也报告萧宝夤有异心，更加重了魏廷的疑虑。在这种情况下，魏廷任命以"威猛为治"著称的御史中尉郦道元为关中大使，巡视关中平叛战场。萧宝夤认为自己已经遭到魏廷的怀疑，故派遣郦道元来查办自己。长安的轻薄子弟则鼓动萧宝夤举兵造反，内心恐惧的萧宝夤颇为动心。据《资治通鉴》记载，犹疑不决的萧宝夤问计于河东士族柳楷，柳楷说："大王是齐明帝之子，当前起兵反魏，这是上天的意旨。歌谣也唱道：'鸾鸟生了十个卵，九个都无法孵化，只有一个可以孵化，则关中一定大乱。'大王应当顺应天命治理关中，没有什么好疑虑！"于是，失去理智的萧宝夤将人生的理想由"复仇"转变为"复国"，暗中派遣部将郭子恢在阴盘驿亭（今陕西临潼东）袭杀了郦道元，谎称是叛军所为。

同年十月底，萧宝夤杀死南平王元仲冏等一批魏臣，举兵反叛，自称大齐皇帝，设置百官，改元隆绪。萧宝夤派郭子恢攻打潼关，又派张始荣围困华州（今陕西大荔），得到河东豪强的响应。不久，北地都督长史毛遐起兵，擒获萧宝夤大将卢祖迁。是时，萧宝夤正在南郊祭天，闻听卢祖迁战败，来不及整顿队伍，便狼狈返回长安。魏廷获知萧宝夤反叛也是大惊失色，急忙以尚书仆射长孙稚为统帅，发兵讨伐萧宝夤。孝昌四年（528年），萧宝夤命侯终德讨伐毛遐。这时，郭子恢、张始荣先后被官军击败。侯终德军势大挫，便回军偷袭萧宝夤。侯终德行至长安时，萧宝夤方才察觉，出兵交战，兵败而回。萧宝夤无奈，只得与妻子南阳公主率百余人从后门逃走，经过渭桥，投奔昔日的敌人——万俟丑奴。此时，万俟丑奴在泾州称帝，设置百官，萧宝夤被任命为太傅。此时，万俟丑奴正好截获了波斯国赠送给北魏的一头狮子，以为是建国的祥瑞，因此建元"神兽"。

永安三年（530年），发动"河阴之变"后掌握北魏政权的尔朱荣派遣都督尔朱天光为雍州刺史，进入关中平叛。尔朱天光统率的贺拔岳部原为代北鲜卑六镇豪强，其骑兵极为凶悍。尔朱天光很快击败了万俟丑奴，又俘虏了万俟丑奴与萧宝夤，将其送到京师。孝庄帝将他们安置在阊阖门外的都街上，京师士女都来围观，一共持续了3日。吏部尚书李神俊、黄门侍郎高道穆都与萧宝夤有交情，便向孝庄帝求情，认为萧宝夤叛乱是前朝（孝明帝朝）之事，希望将他赦免。这时，王道习应诏从外面进来，孝庄帝便问他有何见闻。王道习说："只听说陛下不想杀死萧宝夤。人们都说：李尚书、高黄门与萧宝夤交情很好，而且都是您的近臣，必定能够保全萧宝夤的性命。"又说："如果说萧宝夤叛乱是在前朝，可以宽恕，那么，他兵败之后成为万俟丑奴的太傅，难道不是在陛下当政之时吗？如果不剪除贼臣，王法还能施加给谁呢！"孝庄帝便下令在太仆寺的驼牛署赐死萧宝夤。

萧宝夤临刑之前，吏部尚书李神俊提酒前来与他叙旧、话别。李神俊看着昔日位极人臣的故友今日却沦为阶下之囚，不觉凄苦，泪流不止。萧宝夤则泰然自若，说："我只是听从上天的安排而已，遗憾的是，没有尽到人臣的节操。"事实上，要在故国和厚待自己的北魏间进行抉择，他还是选择了令自己魂牵梦萦的故国。萧宝夤的妻子南阳公主也带着家眷来与萧宝夤诀别。南阳公主是北魏孝文帝之女，虽出生于帝王之家，却毫无刁蛮和任性的习气。每当萧宝夤归家，公主必定在门口相迎；如无紧急情况，公主也不回宫廷。萧宝夤与公主相敬如宾，王子与公主的爱情一直和谐美满。想到行将永诀，人鬼殊途，公主痛哭不止，极尽哀伤，但是事已至此，还能有什么办法？萧宝夤只有无尽的悔恨而已！萧宝夤临死仍然面不改色，他或许觉得：对于故国萧齐，自己已经尽力，一生戎马，殚精竭虑，现在终于可以歇歇了！于是含笑死去，终年47岁。

萧宝夤本来出生于帝王之家，17岁时却遭遇亡国之恨，冒险亡命北魏，人生突然遭此劫难，可谓少年不幸。尽管萧宝夤贵为王子，但是自幼聪明勤奋，性情温和，高雅稳重，不苟言笑，生活简朴，待人周到、热情；成年后，依靠敏感而又显赫的身份取得了北魏政权的信任，凭借个人的勇气与谋略屡立战功，甚至在北魏出将入相，位极人臣，实属不易。后来，萧宝夤由南伐萧梁的江南战场转向关陇平叛战场，这成为萧宝夤人生的又一个转折点。北魏重用萧宝夤也是逼不得已，满朝文武实在无人可用，一些优秀军事人才都很难通过正常渠道得以提拔和任用，例如尔朱荣、贺拔岳、独孤信、宇文泰、高欢等，这些人都被迫进入敌方阵营。前后取代萧宝夤平叛关陇的统帅都难堪大用，例如元修义喝酒得了脑血栓、元继无能贪腐、杨椿称病辞职。尽管萧宝夤多次受到朝廷责难、罢免，甚至获罪，但是其军事、政治才能确实无可替代，因此北魏不得不多次起用他。处于关陇群雄之间，为北魏平叛纵然不易，而要火中取栗、独霸关中更是天方夜谭。可惜，"智者千虑，或有一失"，萧宝夤在面临是否复国的抉择时，决断太过草率。毕竟，人生不是一场豪赌，有时背负得太多，真的输不起，正如当时的行台郎中苏湛所言："凡谋大事，当得天下奇才与之从事，今但与长安博徒谋之，此有成理不？"复国失败后，又投降万俟丑奴，并出任太傅，更是错上加错，毫无底线，最终导致身败名裂。

萧宝夤虽然起兵背叛了收留自己的北魏，但一生有情有义，其所作所为无疑让人尊敬。他虽然身在他国，不忘国仇家恨，时时请缨南伐，也称得上是忠直耿介之士。造成萧宝夤个人悲剧的根本原因在于其内心难以化解并不断滋长的家仇国恨。事实上，过度的仇恨不但会伤害自己，也会伤害自己的亲人。萧宝夤家族的悲剧并没有到此结束，仇恨导致的不幸还将继续下去。其长子萧烈因萧宝夤谋反被处死；次子萧权玩游戏时，竟然被弟弟萧凯失手射死；萧凯与妻子长孙氏因记恨南阳公主的责罚，竟然将公主害死；而萧凯亦被处以车裂之刑，其妻长孙氏则被斩首。

三、鲜卑大帝国的分裂
——西魏宇文泰建都长安

鲜卑族拓跋部建立的北魏王朝曾统一中国北方近百年之久。北魏开疆扩土，强盛一时。然而，在其统治后期，国内社会矛盾异常尖锐，最终酿成了六镇起义。巨大的起义浪潮使得北魏王朝分崩离析，军事将领和王公贵族纷纷起兵割据一方，为夺取国家统治权展开血腥角逐。北魏永熙三年（534年），北魏孝武帝投奔占据长安的宇文泰，建立西魏，与建都邺城的东魏形成对峙。

宇文泰，字黑獭，代郡武川（今内蒙古武川西）人，西魏的实际掌权者，亦是北周政权的奠基者。宇文部原属东胡，后归附于鲜卑慕容氏。后燕归附北魏，宇文部就成为拓跋鲜卑的一部分，徙居武川。宇文泰的父亲名肱，任侠而有气概。正光（520—525年）末年，沃野镇（今内蒙古巴彦淖尔乌拉特前旗）人破六韩拔陵发动叛乱，远近响应。宇文肱击败叛军主力卫可孤，然后退到中山，率领部众归附鲜于修礼，后来战死。据说，宇文泰母亲怀孕的时候，梦见自己夜里抱着孩子飞升上天，但还没上去就停滞不前了。宇文泰成年之后，相貌极为奇特，身高八尺多，宽宽的额头，漂亮的胡子；头发垂到地上，双手长过了膝盖；背上布满黑色的斑点，就像盘着一条龙；脸上放出紫色光芒，显得极有威严，人们都敬而远之。如此种种都预示着宇文泰的不同凡响。宇文泰为人大度，成年后并不考虑成家、置业之事，而是仗义疏财，喜欢结交贤士。

宇文泰自幼跟随父亲，隶属鲜于修礼，四处征战。鲜于修礼被杀后，葛荣成为起义军领袖，当时宇文泰只有18岁，他感到葛荣难成大事，就打算逃离。逃跑计划还没有实施，葛荣就被尔朱荣擒杀。尔朱荣是生于北秀容（今山西朔州北）的契胡酋长，平定河北后，回到洛阳屠杀北魏皇室2000余人，立元子攸为帝（孝庄帝），被封为都督中外诸军事、大将军兼尚书令、太原王，彻底控制了北魏政权。宇文泰跟随尔朱荣返回了晋阳（今山西太原西南），但尔朱荣对向来有豪杰之名的宇文父子缺乏信任，担心他们对自己有异心，于是网罗罪名，杀掉了宇文泰的兄长渔阳王宇文洛生。大祸临头的宇文泰慷慨陈词，坦然说出家族的冤屈，令尔朱荣为之动容，才躲过这场杀身之祸。

永安三年（530年），尔朱荣派遣尔朱天光、贺拔岳、侯莫陈悦等进入关中讨伐已经称帝的万俟丑奴。宇文泰与贺拔岳有世交，因此被编入贺拔岳的部队。在平定万俟丑奴的战争中，宇文泰屡立战功，获得了很高威望。同年，尔朱荣被自己扶立的傀儡皇帝孝庄帝所刺杀。尔朱天光进入洛阳"靖难"，令贺拔岳代理雍州刺史。普泰二年（532年），尔朱荣部将高欢起兵河北，背叛尔朱集团。贺拔岳建议以关中为根本，分路进攻，尔朱天光不听，结果大败身死。尔朱氏失败后，贺拔岳联合侯莫陈悦进攻长安，在华山追杀镇守长安的尔朱天光弟尔朱显寿。永熙元年（532年），高欢任命贺拔岳为关西大行台，宇文泰为行台右丞，掌握关中军政大权。永熙三年（534年），贺拔岳召集侯莫陈悦一起讨伐灵州刺史曹泥。未料侯莫陈悦已经暗中投靠高欢，在平凉（今甘肃平凉）诱杀了贺拔岳。

贺拔岳突然遇害，军团一时群龙无首。都督寇洛因年长被推举为领袖，但是威信不足，军令无法贯彻。大都督赵贵冒险抢回了贺拔岳的尸体，并推荐贺拔岳的部将宇文泰统率众军，得到大家的认可。然而，事情的发展并非一帆风顺，觊觎贺拔岳余部的还有投靠高欢的侯景。侯景原属尔朱集团，故奉高欢之命接管贺拔岳军团。宇文泰获得贺拔岳的死讯后，率领轻骑兵即刻从夏州启程，奔赴平凉。宇文泰到达安定（今甘肃泾川北），与侯景狭路相逢，宇文泰立刻明白侯景的来意，大声喝道："贺拔公虽然已经死了，而宇文泰尚且在此，您想去哪里？"侯景大惊失色，说："我只是奉命行事，并非自作主张前来。"于是返回。如果侯景先宇文泰一步到达平凉，那么中国历史的进程或将彻底改变。宇文泰接管了贺拔岳旧部，击败侯莫陈悦，向东占领了长安。从此，关中进入宇文泰时代。

此时，控制河北的高欢也率军进入洛阳，完全掌控了北魏朝政。北魏孝武帝元脩本是高欢的女婿，但是他和高欢的女儿毫无感情。元脩不顾世俗约束，狂热追求属于自己的爱情，喜欢上自己的堂姊妹元明月。政治上，元脩也不甘心当一个懦弱、无能的傀儡皇帝。永熙三年（534年），元脩带着情妇元明月及明月的哥哥元宝炬等逃出洛阳，奔赴长安，投奔其未来的妹夫宇文泰，并宣布迁都长安。高欢以元脩弃国逃跑为由，废其帝号，另行拥立年仅11岁的北魏宗室元善见为帝，把都城从洛阳迁往邺城。然而，令北魏孝武帝元脩始料未及的是"刚出狼窝，又入虎口"，高欢固然不是忠君爱国之人，宇文泰也并非仁慈善良之辈。宇文泰感兴趣的是挖高欢的墙脚，充分利用元脩的价值，实际上对这位"积极有为"、任性，且不甘心当傀儡的元脩并无好感。同年，宇文泰以元脩淫乱堂姊妹有伤大雅为罪名，毒死了魏孝武帝。宇文泰拥立元宝炬为魏文帝，改元大统，是为西魏。从此，北魏王朝分裂为东、西两个政权，历史上把定都长安的王朝称作西魏（政权实际掌握在宇文泰手中），把迁都邺城的政权称作东魏（政权实际掌握在高欢手中）。

当北魏孝武帝进入关中之时，高欢率军追击，攻克潼关，占据华阴。高欢东归后，宇文泰夺回潼关，俘虏东魏7000多人。自此，东、西魏之间正式拉开战争序幕。当时，38岁的高欢占据了今天的山西、河北、山东和河南等富庶地区，而小高欢10岁的宇文泰只占据连年遭受战争破坏的关陇，因此，从经济、兵力和地盘等方面来看，高欢的东魏都占有明显的优势。对于宇文泰称霸关陇，高欢极不甘心，于是决定出兵西征。西魏大统三年（东魏天平四年，537年）十月，东、西魏在沙苑（今陕西大荔南）进行了一场空前规模的决战，这成为东、西魏势力对比发生逆转的关键。

早在大统二年（536年）十二月，高欢就从晋阳（今山西太原西南）出兵，在蒲津架设三座浮桥，摆出强渡黄河的态势。同时，派猛将窦泰攻打潼关，大将高昂从南路迂回攻击上洛。次年初，宇文泰率不满万人的主力从长安到达广阳（今陕西大荔）。宇文泰判定高欢率领的主力一定是虚张声势的佯攻，而一向勇猛的窦泰

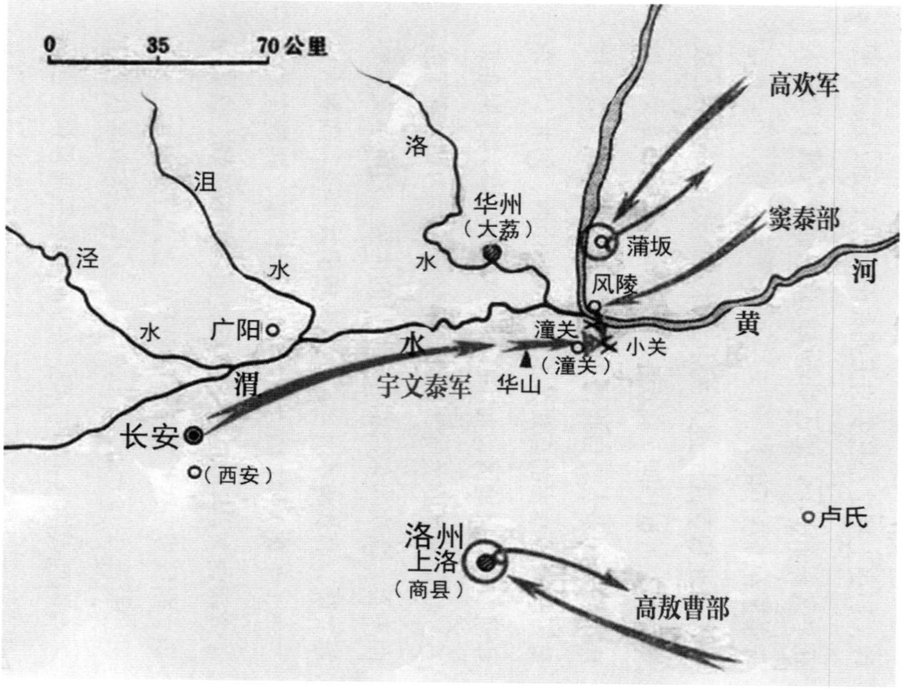

东西魏潼关之战

肯定担任主攻，因此率领6000名精锐主力开向潼关。轻视西魏的窦泰突然遭遇宇文泰精锐的袭击，仓促应战，1万余人全部被俘，主将窦泰绝望自杀。同年七月，宇文泰在咸阳集结李弼、于谨等12位将领，转守为攻，东出潼关，攻占弘农（今河南三门峡），俘虏东魏8000多人，对东魏邺城造成威胁。高欢率领10万大军从壶关（今山西吉县西）渡过黄河，试图截断宇文泰的退路。宇文泰撤军渭南，高欢包围华州，占领渭北许原（今陕西大荔南），直接威胁长安。

在东魏大军压境时，西魏开始征调诸州兵迎战。宇文泰兵力有限，无法与高欢正面直接对抗。但是，如果任由高欢军深入咸阳、长安，那么关中势必难守。于是，宇文泰抓住高欢冒进、轻敌的弱点，采取诱敌深入的策略，积极寻找歼敌时机。十月，为了延缓东魏逼近长安，宇文泰不等州兵集齐，将辎重全部留在渭南，将士只带三天口粮，就率领轻骑从浮桥渡过渭水。宇文泰抵达沙苑，距东魏大军驻扎的许原只有60里。宇文泰背水列阵，以逸待劳，派部将达奚武率骑兵侦察周边，同时和诸将商议迎敌之策。后来，宇文泰听从李弼的建议，决定由赵贵、李弼率领精兵埋伏在芦苇遮掩、道路泥泞的渭曲。高欢大军到来，看到宇文泰兵微将寡，顾不上列阵，就冲杀了过来。突然，鼓声震天，杀声动地，李弼、赵贵率铁骑从左右杀到，将高欢大军分割包围。高欢被打得措手不及，死亡6000人，被俘7万人，丢弃铠甲、兵器18万件。高欢仓皇骑骆驼逃亡至黄河西岸。经过这一场以少胜多的战役，东魏丧失了军事优势，再也没有力量主动进攻关中了。

宇文泰回到渭南，各州援兵才刚刚集齐。为了纪念这次决战的胜利，宇文泰命令将士每人在沙苑种植一棵树，以表彰其武功。此战惊心动魄，宇文泰判断准确，根据地形特点，从容设伏，展现了其杰出的军事才能。

尽管西魏接连取得军事胜利，但也无法彻底消灭东魏。事实上，宇文泰占据的关中仍然潜伏着严重的危机。大统四年（538年），西魏调集主力攻打东魏，双方激战于洛阳，西魏独孤信、李远、赵贵等在混战中失利，与宇文泰失去联系。此时，宇文泰在关中地区留守的兵员很少，此前沙苑之战中俘虏的东魏士兵都被分散在民间，他们听说西魏军队在关东遭到失败，纷纷图谋作乱。大将李虎与太尉王盟、仆射周惠达等人保护太子元钦离开长安，到渭北地区驻防。沙苑之战中被俘的东魏都督赵青雀占领长安的子城，雍州于伏德与咸阳太守慕容思庆则占领咸阳，他们召集东魏投降的将士，鸠占鹊巢，准备抵御从关东战场返回的西魏将士。长安民众自发组织起来，与赵青雀的叛军交战。后来，留守的华州刺史宇文导攻破咸阳，活捉于伏德，杀死慕容思庆。

宇文导又南渡渭水，与宇文泰会师，合力攻破长安子城的赵青雀。最终，关中恢复安定。

宇文泰早年随父兄参战，以骁勇善战闻名于世。后随贺拔岳平定关陇，开始了他的霸业。沙苑之战后，东魏不能再随意侵入关中，也巩固了建立不久的西魏政权。此后，东、西魏进行了数十年的战争，两国有攻有守，有胜有败，呈僵持状态。整体而言，高欢和宇文泰都是军事天才，是优秀的军事将领。但纵观双方多年的战争，宇文泰对战争的整体驾驭能力略胜高欢；西魏胜多败少，西魏军队的损失要小于东魏。当然，宇文泰也是伟大的政治改革家，他颁行的兵制、选官之法等不仅使西魏实现富国强兵，也奠定了隋唐帝国的基业，堪称中国历史上又一位杰出的鲜卑族人物。

四、帝国基业
——府兵制与关陇集团的形成

"关陇集团"概念来自20世纪40年代历史学家陈寅恪先生，他将西魏宇文泰能够占据关陇，成天下"三足鼎立"的根本原因归结为"关中本位政策"。陈寅恪在《唐代政治史述论稿》中言：所谓"关中本位政策"乃宇文泰"融合其所割据关陇区域内之鲜卑六镇民族及其他胡汉土著之人为一不可分离之集团，匪独物质上应处同一利害之环境，即精神上亦必具同出一渊源之信仰，同受一文化之熏习，始能内安反侧，外御强邻。而精神文化方面尤为融合复杂民族之要道"。关陇集团又称为"关陇胡汉集团"，关陇士族集团则是这一体制的缔造者和执行者，该集团使得自东汉以来偏离统治核心区域的关中地区再次成为中国历史发展的动力源泉。以长安及关中为核心，关陇集团共创造出四个王朝，分别是西魏、北周、隋、唐，尤其是7到10世纪盛极一时的隋唐帝国，将中国历史推向了一个新的发展高峰。

关陇集团主要包括关中区域内的六镇鲜卑军事贵族和关陇地区的汉族豪右，在军事上主要依靠来自六镇尤其是武川镇（今内蒙古武川西）的军人。关陇集团的特点是"融冶胡汉民族之有武力才智者"，即该集团以异族南下以来的民族融合为基础；集团中人"入则为相，出则为将，自无文武分途之事"，即采用文、武合一为典型特征的权力分配方式。关陇集团的肇造，同样始于西魏的宇文泰。

宇文泰通过沙苑之战等一系列战役，称雄关陇，逐渐和东魏形成了对峙局面。为了振兴久已破败的关中地区，实现富国强兵，以便进一步争夺天下，宇文泰下决心进行改革。宇文泰重用关中武功人苏绰，在关陇地区推行汉化改革，以均田制和府兵制为基础，这是宇文泰经营关中最杰出的贡献。

苏绰，字令绰，京兆武功（今陕西武功西）人，出身名门望族，是三国时曹魏侍中苏则的九世孙，其父亲苏协当过武功郡守，从兄苏让则是汾州刺史。苏绰从小聪颖好学，博览群书，尤其精通算术。由从兄苏让推荐，长宇文泰10岁的苏绰出任行台郎中。开始，苏绰并未受到宇文泰的器重，但行台官员凡有疑难事情都找苏绰帮助解决，大家交口称赞他博学多才。一次宇文泰与公卿外出游玩，途中询问当地的历史掌故，只有苏绰应对如流，侃侃而谈。宇文泰进一步询问天地造化之由来、历代兴亡的原因，苏绰都能娓娓道来。宇文泰惊喜于苏绰的才智和学识，立即带他回府，认真请教治国的道理。苏绰向宇文泰陈述了帝王权术，以及韩非子和申不害的法家要旨。宇文泰通宵达旦地倾听，不知疲倦，只是叹服不已。不久，宇文泰对仆射周惠达说："苏绰真是奇士，我要委以重任。"随即擢升苏绰为大行台左丞，参与国家机要决策，帮助宇文泰制定改革制度。

宇文泰改革的目标既要防止中原王朝官僚集团的腐化倾向，也要制约拓跋鲜卑六镇军人的荒蛮风气，要顾全和抑制两方面的利益和倾向极为不易。得到苏绰的帮助，宇文泰如鱼得水，相知恨晚。苏绰提出了"治心身，敦教化，尽地利，擢贤良，恤狱讼，均赋役"的主张，成为宇文泰汉化改革的基本纲领。

宇文泰的经济改革继承和调整了北魏制定的均田制和租调制，均田更加重视自耕农，例如有家室者授田140亩，丁男为100亩，授田数量比较优厚。西魏的赋税比以轻税著称的北魏还要轻，这有利于调动民众生产积极性，使其休养生息；同时，《六条诏书》规定了鼓励农业生产，改进农业技术，对贫民予以救济等措施。

政治改革方面，宇文泰和苏绰参照"周官"制度，借鉴秦汉官制，确立了天地春夏秋冬六官制度；地方官由中央任命，强化了皇权；废除了单纯以门第为标准的人才选拔方式，大胆否定了长期以来执行的九品中正制，这无疑斩断了门阀政治的生命线，体现了"唯才是举"的曹魏遗风。

然而，宇文泰改革的最大成就在于军事上创立了府兵制度，构建了关陇军事贵族集团。"府兵"的前身，由贺拔岳的武川军团、侯莫陈悦军团中的李弼军团，以及随孝武帝入关的北魏宿卫禁旅三部分组成，都是鲜卑化的军队。尤其是以六镇鲜卑为主体的贺拔岳武川军团，伴随迁都洛阳后拓跋鲜卑的汉化，其政治地位急剧下降，于是参加了六镇起义和河北起义。武川军人看到了"汉化"导致他们政治地位的下降，而看不到"汉化"是历史的进步和必然，因此竭力想恢复原来氏族部落时代的军事体制。出身武川军团的宇文泰对武川军人的心理十分了解，因此，宇文泰建立府兵时就采用了鲜卑族原有的部落组织，即八部大人制度。拓跋鲜卑原有军制是原始部落八部大人制，凡有八军，设立军府，每军5000人，战士之间有血缘关系，战士与主将之间有身份上的从属关系，这种落后兵制一直沿袭到北魏末年。宇文泰以八部大人制度作为编制新军的蓝本，显然是安抚武川军人的良策。

府兵制度在采用了鲜卑传统的八部大人之制的同

时，也结合汉族等级军制，仿照汉族政权原有的"六军"制度将鲜卑军队改编为六军，由八个"柱国大将军"统领。除被西魏文帝任命为柱国大将军的宇文泰作为西魏军队的最高统帅外，后又任命西魏宗室元欣为柱国大将军，但其仅挂虚名，并无军权。另外，宇文泰任命赵贵、李虎、李弼、于谨、独孤信、侯莫陈崇六人为柱国大将军，实际统领"六军"。每个柱国大将军下有两个大将军，共十二大将军；每个大将军下有两个开府将军，共二十四开府将军；每个开府将军下又有两个仪同将军，共四十八仪同将军；一个仪同将军领兵约千人，一个开府将军领兵两千，一个大将军领兵四千，一个柱国大将军领兵八千，六柱国合计统率48000人左右。府兵不入户籍，而另立军籍。当府兵者，需自备弓刀，其他如甲、槊、戈、弩则由官府供给。府兵战时参战，平时屯田或轮番宿卫都城。不宿卫时，也要讲武教战。

在宇文泰创立的西魏府兵制下，士兵和军官之间仍然保留鲜卑原有的氏族组织形式。西魏恭帝元年（554年），宇文泰又令有较大功勋的将领承袭鲜卑三十六国及九十九姓，除本身就有鲜卑复姓的将领外，恢复了孝文帝改革中改为汉姓将领的复姓，并赐汉族将领鲜卑姓，如李虎赐姓大野氏、李弼赐姓徒何氏、赵贵赐姓乙弗氏、杨忠赐姓普六茹氏。所统领的士兵皆以主将的鲜卑姓为姓氏。宇文泰借用鲜卑氏族部落的血缘纽带来组织府兵，使官兵之间蒙上了一层宗族的亲密色彩，以加强将领和士兵之间的联系，从而提高府兵的战斗力。事实上，无论是府兵的组织形式，还是官兵之间的关系，都没有也不可能倒退到鲜卑氏族时代的部落关系中去。但是府兵制多少带有一些过去部落兵制的色彩，因此从那些曾经沦落为兵户的六镇鲜卑来看，其身份提高了，政治地位改善了，府兵的战斗力也得到了增强。

府兵制成了关陇军事贵族团结的纽带，它集中了鲜卑六镇军人和贵族，以及关陇异族酋长和汉族士族。其中，六镇军人特别是武川镇军人处于绝对优势地位，例如最早受封的柱国八将军以及十二大将军几乎都是武川镇军人。府兵制下将领的性质既不同于以前的北魏六镇军人，也不同于以前的汉族豪强，而是依靠均田制和府兵制结合的新军事集团。关陇军事贵族也不限于胡汉贵族，对一些有军功的庶族甚至奴隶也给予优厚待遇，如梁默是安定梁士彦的奴隶，凭借军功当上柱国大将军，跻身于贵族上层，突出体现了关陇军事贵族集团的勃勃生机和军功特征。

宇文泰与苏绰君臣之间珠联璧合，共同推动了改革，缔造了西魏、北周的基本政治、经济体制。宇文泰对苏绰言听计从，推心委任。宇文泰出征，就授权苏绰处理军国大事。苏绰则以天下为己任，鞠躬尽瘁，年仅

49岁便积劳成疾，死于行台任上。苏绰官位显赫，但生性俭朴，不置产业，死时家无余财。宇文泰万分痛惜，对公卿说："苏尚书一生谦虚、退让，崇尚俭朴、节约。如要保全他平素之志，我内心实在过意不去；如若厚加赏赐，又违背以往相知之情。进退维谷，不知如何是好？"尚书令史麻瑶建议尊重苏绰的高洁德行，"不夺其志"。宇文泰便以素布灵车一乘载着苏绰的灵柩归葬武功，亲自率领群臣步行送其灵柩离开行台所在地同州（今陕西大荔）。

苏绰去世10年之后，宇文泰也溘然离世，此时距中国统一还有30余年。宇文泰的改革并没有人亡政息，其生前所制定的一系列制度，在身后继续发挥作用。古往今来，与宇文泰文治武功相侔的帝王并非没有，但是宇文泰的伟大之处在于他构建了一个全新的统治阶层——关陇集团。该集团取代魏晋以来的腐朽的门阀士族，成为引领中国历史发展的新生政治力量。

西魏的八柱国和十二大将军政治地位显赫，具有强大生命力，其个人及其子孙成为西魏、北周以及后来隋唐帝国的政治主导力量。宇文泰虽未称帝，但四子宇文邕建立北周。柱国李弼曾孙李密作为瓦岗军领袖曾经逐鹿中原，柱国李虎孙李渊是大唐帝国的开创者，大将军杨忠的儿子就是隋文帝杨坚。八柱国和十二大将军构成的关陇贵族之间互相通婚，关系十分密切，例如柱国独孤信将3个女儿分别嫁给了宇文毓（宇文泰之子）、李昞（李渊父亲）、杨坚，3个女儿成为三国皇后。李渊与杨广是表亲，李渊又娶了宇文泰的外孙女窦氏，窦氏又生李世民。因此，杨坚篡夺北周政权建立了隋朝，唐朝取代隋朝，并非彻底的改朝换代，而是皇权在关陇集团内部的转移。

宇文泰掌控西魏政权23年，通过推行苏绰设计的一系列改革方案最终实现了富国强兵，而对当时和后世意义最大的要属府兵制的实行。宇文泰意在依托古时鲜卑旧制进行汉化改制，巧妙地模糊和化解了鲜卑与汉族之间壁垒森严的民族界限，在巩固自身统治的同时，也为北周的建立奠定了基础。此后，关陇军事贵族集团宛若一轮旭日，在中国冉冉升起，预示着长安文化将发展到中国历史的顶峰——隋唐时代，关陇集团最终担负起重振长安政治文明的重任。

五、统一帝国的奠基者
——北周武帝的文治武功

西魏（北周）统治者选择文化积淀深厚的"帝王之都"——长安作为都城，并对一些旧建筑进行了修缮，同时也增建了一些新建筑。当时新建有乾安殿、延寿殿、正武殿、紫极殿、重阳阁、麟趾殿、大武殿、大德殿、崇信殿、会义殿、含仁殿、云和殿、思齐殿、太极殿、连珠殿和天德殿等诸多建筑（《长安志·宫室三》）。通过较大规模的修缮和营建，一定程度上恢复了长安帝王之都的气象。统治者又通过一系列汉化改革复兴中华文明，形成生机勃勃的关陇集团。这一方面使关中政治、经济、军事实力与日俱增，最终实现了富国强兵；另一方面，关陇集团出现了一批励精图治、锐意进取的君主，其中北周武帝宇文邕就是杰出代表。宇文邕继续推进改革、革新政治，为隋王朝统一中国奠定了基础。

西魏大统九年（543年），宇文邕出生于同州（今陕西大荔），为宇文泰第四子。据说他"幼时就有孝敬之心，聪明机敏而有气度"。宇文泰很偏爱他，常说："完成我志向的人，一定是这个孩子。"（《周书·武帝纪》）北周孝闵帝宇文觉建立北周后，宇文邕官拜大将军，镇守同州。明帝宇文毓即位后，宇文邕为大柱国。宇文邕深受北周明帝器重，史载他"生性沉稳，且有远见卓识，如果没有询问，并不多说话"。正是宇文邕这种低调、沉稳的性格，使其在血雨腥风的政治变乱中坚持到最后的成功。

时间回溯到西魏恭帝三年（556年）冬，年仅50岁的一代枭雄宇文泰北巡到牵屯山（今宁夏固原县西），突然病重，回到云阳宫（今陕西淳化西北）。由于诸子年幼，宇文泰召侄子宇文护"临终托孤"，将国家权力交给了他，令其辅佐世子宇文觉。在掌控北周大权之前，宇文护安分守己、尽职尽责，对宇文家族忠心耿耿。宇文护掌权后，逼魏恭帝元廓禅位宇文觉，宇文觉就是北周孝闵帝，完成了宇文氏取代西魏的历程。同时，宇文护采取一系列措施稳定北周政局，安抚民心，强化边防，消除了宇文泰去世后可能出现的政治、军事危机，可谓居功至伟。

然而，在生杀予夺的绝对权力面前，无论是凡夫俗子还是谦谦君子都可能迷失自我，陶醉于权力所带来的荣耀和光环中无法自拔，昔日端庄正直、志向远大的宇文护自然也不能例外。执政后朝廷政令下达必须通过宇文护才能签署，宅邸禁卫比宫廷还要严密，事无大小决断都要干预闻，名为北周丞相，实为"周王"。宇文护的专断、跋扈招致宇文泰同辈将领赵贵、独孤信的不满和愤慨，后者试图暗杀宇文护。不料，宇文护先发制人，凡参与刺杀谋划者一律被处死。不久，宇文护又废杀了孝闵帝宇文觉，到岐州迎立宇文泰庶长子宇文毓，是为明帝。北周武成元年（559年），宇文护请求还政明帝，聪明有胆略的明帝马上答应了其试探性的请求。次年，宇文护派人毒杀了明帝。

此时，宇文护环顾左右，发现宇文泰第四子、年仅17岁的宇文邕可以作为下一个傀儡人选。尽管宇文邕一直辞让（可能并非所谓"三辞三让"的俗套，而是深知其中利害），但最终百官劝进，宇文邕称帝，是为北周武帝。此后13年时间里，宇文护始终把持朝政，宇文邕不但不能表露不满，还必须极力讨宇文护欢心。事实上，宇文邕时刻处于极度惊恐之中，一言一行谨慎小心，害怕稍有不慎便引来杀身之祸。聪慧、精明强干的宇文邕最终活了下来，靠的就是一个"忍"字。当宇文护诛杀功臣宿将、排挤异己时，他隐忍不发；当宇文护提拔任用自己的亲信、儿子时，他还是容忍；当宇文护的子弟、亲信肆意妄为时，他仍然在忍……而且贵为天子的宇文邕在皇宫中见到宇文护后也要行家人之礼，宇文邕不仅做了，而且做了整整13年。

北周保定三年（563年），宇文护伐齐失败，威望受到影响。另外，据《周书·晋荡公护传》记载，宇文护的儿子贪婪残暴，僚属放纵不法，都利用宇文护的威严和权势，对民众造成伤害。据记载，建德元年（572年）三月，宇文邕趁宇文护进宫朝见太后之机，一举杀掉了宇文护。30岁的武帝终于避免了当一辈子傀儡皇帝的悲惨人生，从险恶的政治斗争中解脱出来。历经苦难和屈辱的宇文邕立即施展抱负，大刀阔斧地进行改革，雷厉风行地用兵，在短短6年之内取得了内政与军事上的巨大成就。

第一，进一步改革、完善府兵制。宇文泰建立的府兵制基于鲜卑人的部落兵制，来源主要是六镇鲜卑与关陇豪右，与一般自耕农无关。北周武帝完善兵制，开始以均田制中的自耕农充当府兵，扩大府兵的基础。同时，将府兵制与均田制结合起来，作为均田户的府兵可免除赋役，而所授之田足以自养，于是实现了兵农合一、寓兵于农。通过这一政策，扩充了北周的军事力量，于是"夏人（汉人）半为兵矣"（《隋书·食货志》）。到武帝灭齐时，北周府兵已发展到20万人；到隋文帝灭陈时更扩大到50万之多。同时，通过改革，消除了府兵制度原有的"鲜卑化"部落、民族色彩，提高了府兵的地位，并且赋予了府兵作为皇帝"禁旅"的崇高地位。均田制与府兵制的结合不仅为中国的统一创造了条件，也为后来隋唐帝国的建立和发展奠定了基础。

第二，解放奴婢。秦汉以来中国一直存在奴隶制度，蓄奴养婢之风很盛。在五胡十六国时期，战乱和苛政导致奴婢数量大幅增加。北魏以来，由于受到鲜卑落后习俗的影响，奴隶制度盛行一时。奴隶的来源主要是战俘和罪犯，西魏、北周的统治者常把战俘和被征服地区的民众作为奴隶赏赐给功臣、贵族。这种逆历史潮流的行为危害着社会的正常发展，对农业生产造成消极影响，对社会正义也造成了伤害。北周武帝即位及亲政之后，前后五次下诏，释放属于官方和私人的奴婢，并下令"所在附籍，一同民伍。若旧主人犹须共居，听留为部曲及客女"（《周书·武帝纪》）。北周武帝的释奴运动虽然不是很彻底，但对削弱奴婢制度残余、发展自耕农经济、增加国家的税收有很大作用。

第三，"灭佛"与"毁道"并举。北周武帝亲政时，关陇地区有佛教寺院1万多所，僧侣100万人，占到总人数的十分之一，成为关中经济恢复和发展的障碍和负担。天和四年（569年），北周武帝召集儒、释、道三教知名人士，以及文武大臣2000余人在皇宫进行辩论，最终官方支持的儒学战胜了佛教和道教。次年，甄鸾上书《笑道论》三十六条，站在佛教的立场上批判道教，揭开了佛道两教斗争的序幕。长安名僧释道安作《二教论》，请求皇帝担任教主，借此保全佛教。佛道两教之间的激烈论战，以及官方对两教日趋明显的敌对态度使得两教极为惊慌和不安。建德元年（572年），北周武帝来到长安玄都观，亲自主持公卿与道士之间的辩论。经历长期的论争和酝酿，建德三年（574年），北周武帝宣布废毁佛道二教，下令将佛道经书、塑像全数毁掉，责令僧尼、道士全部还俗，还将道观、寺院财产分给群臣，寺观塔庙赐给王公，从而获得了关陇军事贵族集团的大力拥护。很快，关中地区繁荣的佛教和道教就被清除殆尽。

北周武帝发动的这场"灭佛毁道"运动，给黄河流域的佛教传播以致命的打击，共废除寺庙4万余所，迫使300多万名僧尼还俗。这是中国历史上四次毁佛运动（即"三武一宗"，北魏太武帝、北周武帝、唐武宗及周世宗）中规模最大的一次，佛像、佛经在这次运动中被焚烧一光。与北魏太武帝站在道教立场上的"肉体消灭僧侣"不同，北周武帝允许事前辩论，毁佛的同时反对道教，只毁佛寺、经书而不杀僧人、道士，具有很大的进步意义。毁佛的原因更多基于政治、经济方面，目的在于"求兵于僧众之间，取地于塔庙之下"（《广弘明集·谏周祖沙汰僧表》)。客观上,毁佛将原来不纳赋税的僧侣变为编户,有利于民众赋役的减轻和国家赋税的增加;同时,佛教盛行,大量民众出家为僧,逃避兵役和徭役,导致国家兵源和徭役受到影响。北周武帝毁佛给关中民众与北周政权带来一定的经济利益。毁佛后只过了3年,北周就完成了灭齐大业,统一北方。

第四,讨灭齐国,武力统一北方。北周和北齐继承了西魏、东魏的激烈军事对抗,屡起战端,双方互有胜负。但在宇文护专权时代,北周讨伐北齐的战争多次遭遇失败,力量对比逐渐趋于均衡。北周武帝亲政后,两国关系表面上仍然保持友好状态,互派使者聘问,但这只是北周为麻痹北齐统治者而采取的一种策略,暗地里却在加紧整军备战:一是通过府兵制度改革,吸收均田制下汉族农民充当府兵,扩大了府兵的来源,形成明显的军事优势;二是通过灭佛、毁道,将寺院和道观的土地、财富收归政府。其隐匿的大量人口,使国家赋役和兵源增加,经济实力不断增强;三是采取远交近攻策略,孤立北齐,北周北与突厥和亲,南和陈朝通好,从不同方向牵制北齐,避免在灭齐战争中陷入多边作战。这一时期的北齐统治腐朽,政治黑暗,君主昏庸残暴,生活荒淫,整日沉溺于美酒和女色;朝内党派林立,妒忌、陷害忠臣良将;官员唯利是图,受贿而枉断官司,贩卖官爵之事司空见惯;政治弊端太多,国家难以承受。建德四年(575年),北周武帝力排众议，决定伐齐。

北周武帝调集18万大军，分两路东征。他亲率6万大军进攻河阴（今河南孟津东北）大城。周军进入北齐，纪律严明，"禁止砍伐树木，践踏庄稼，违反者都要斩首"。另一路由齐王宇文宪率领，攻下了洛口东西二城（今河南巩义市东北）。接着宇文邕亲自统军围攻金墉城（今河南洛阳），但是没有攻克。北周军主力攻下河阳（今河南孟州市西南）南城之后，进攻中潬城（今黄河中郭家滩），但历时20天未能攻占。此时，北齐右丞相高阿那肱从晋阳（今山西太原西南）统率大军救援河阳。武帝此时生了病，只好撤军。次年，北周武帝征调14.5万步兵和骑兵再度伐齐。谋臣宇文弼以为如果依然从河阳进军，必然遭到北齐的重兵堵截，不如避实就虚，改道河东，于是"进兵汾潞，直掩晋阳"（《隋书·鲍宏传》）。十月，北周大军由蒲津关（今陕西大荔县东）渡过黄河，沿着汾河逆流而上，攻克晋南重镇平阳（今山西临汾），北齐守将投降。北周武帝令宇文宪统率2万精锐，攻占洪洞、永安（今山西霍州），直逼鸡栖原（今山西霍州北）。大柱国宇文盛率步骑1万占领汾水关（今山西灵石南），富饶的晋中盆地暴露在北周大军面前。

此时，北齐后主高纬正带着宠妃冯小怜"巡守"河东，享受着穷奢极欲、醉生梦死的生活。当北周大军逼近平阳之时，高纬正在天池（今山西宁武管涔山）欢天喜地地围猎。告急文书一再呈上，冯小怜却"更请君王猎一回"。过了一周，高纬才恋恋不舍地领着千娇百媚的宠妃离开天池，回到晋阳。

北齐在晋祠集结10万大军，都为原六镇鲜卑精锐。为了避其锋芒，北周主力撤退到平阳之南。从十一月开始，10万齐军兵临平阳坚城之下，北周梁士彦率精兵1万固守待援。齐军多次猛攻平阳，最终无法攻克，士气逐渐低落。十二月，北周集结8万主力，在平阳城南摆开东西20余里的阵势。北周与北齐10万大军隔壕沟南北展开决战，攻守相持不下。北齐后主高纬身边的幸臣曰："大家都是天子，宇文邕远来，我们何必挖个壕沟示弱！"北齐后主受此刺激，下令填平壕沟进行决战。双方大军刚一接战，齐军东翼稍有退却，高处观战的冯小怜就惊慌怂恿后主逃命。后主一逃，齐军军心涣散，全军即刻溃退。北齐损失了1万大军，丢弃的粮草甲仗堆积如山。随着平阳战役的失败，北齐灭亡的大局已经注定。齐军主力一蹶不振，齐臣纷纷投降。北周军乘胜北进，连续攻占高壁（今山西灵石东南）、介休，又包围了晋阳。建德六年（577年），周军占领邺城，俘虏齐幼主高恒，生擒高纬。从此，北周统一北方，拥有了黄河流域和长江上游地区。

北方统一之后，北周武帝兵锋直指南陈，歼灭陈军

3万余人，夺取了淮南之地。然而，北周武帝既要"定江南"，也时刻不忘"平突厥"。当时雄踞北方的突厥强大无比，狂妄地将北齐、北周看作是南方的两个"儿子"。在灭齐战争中，为了获得突厥的支持，宇文邕不得不娶突厥公主为皇后。宣政元年（578年），宇文邕率军分五道讨伐突厥。不幸的是，宇文邕在亲征突厥的途中突然病倒。六月，宇文邕病情加重，回到洛阳当天就病逝了。他去世时只有36岁，留下遗诏令皇太子宇文赟继位。

北周武帝宇文邕是一位青少年经历巨大磨难的帝王，在黑暗的宇文护时代，其可谓"朝乾夕惕"，深知政权的来之不易。亲政以来，他只用了短短6年时间就完成了府兵制改革、解放奴隶、毁佛反道、剿灭北齐等一系列文治武功，展示了其高超的政治才能与无与伦比的气魄。在当政期间，宇文邕励精图治，不懈怠地克制和约束自己；对下明察秋毫，少于恩惠。宇文邕生活俭朴，平时身着布袍，夜里睡觉铺着布被，没有金宝制成的奢侈饰物；贵为帝王，尚能步行于山谷之间，吃苦耐劳。然而，征伐时他亲自深入军中，体恤兵士，从不吝啬赏赐。宇文邕性格果决，能断大事，很有政治远见，具有统一天下的雄心壮志。倘若宇文邕能享受中年，或许统一天下的重任就不会留给隋文帝来完成了。

六、南北分治归于帝国一统
——杨坚代周建隋

雄才伟略的北周武帝宇文邕励精图治，大胆革新，很快就统一了中国北方。正当其计划"平突厥，定江南"时，却"中道崩殂"。更为不幸的是，宇文邕的继承人宇文赟是个"败家子"，既不能创业，也不能守成。结果宇文邕奋斗一生的成果都为他人做了嫁衣裳，外戚杨坚代周建隋。

宇文赟，字乾伯，北周武帝宇文邕长子，出生于同州（今陕西大荔）。北周建德元年（572年），北周武帝在太庙祭告祖先，在东边台阶为宇文赟戴上礼冠，立为皇太子。北周武帝很担心宇文赟不能承担继承人的重任，对其严厉管教和训练。不管严寒酷暑，都不让宇文赟稍有懈怠。宇文赟生性嗜酒，北周武帝下令禁止酒进入东宫。宇文赟每次犯错，北周武帝就用棍棒、鞭子严厉责打。北周武帝曾经对太子说道："自古被废掉的太子很多，我其余的儿子难道不能胜任吗？"这令宇文赟十分恐惧。北周武帝还命令东宫官员记录宇文赟的一言一行，每月向他汇报。宇文赟忌惮北周武帝的威严，平时言行举止都是装出来的，因此很多严重的恶行外人就无从得知。

北周武帝死后，年仅20岁却压抑自我太久的宇文赟终于如释重负，抛弃了一切伪装。在至高无上的皇权的催化下，他开始肆无忌惮地发泄内心隐藏的恶。北周武帝去世后，宇文赟并无丝毫悲伤，也不遵守礼制。按常规新帝需守孝一月后登基，而宇文赟却是在武帝死后次日登基，十天后就将武帝安葬，安葬当天就脱掉孝服，开始为自己登基大肆庆祝。宇文赟即位之后，纵情声色，挑选天下女子扩充后宫，并立了五位皇后；整天出宫游戏，或通宵达旦欣赏散乐杂戏；差调大量劳力营建洛阳宫，壮丽程度超越汉魏；又大肆豪华"装修"，寝殿帷帐都要装饰有黄金、珠宝，富丽堂皇。宇文赟对待臣下却极为严酷，刑法苛虐，后宫妃嫔、大臣令其稍有不如意，即遭鞭挞；为了防止官员进谏，他派人秘密监视官员，收集证据，抓住把柄，重加惩处。宇文赟行事乖张、变态，例如不允许普通妇女化妆，只有宫中女子才可以施以粉黛。

更为严重的是，宇文赟不但酷虐臣民，还自毁"长城"。北周武帝之弟齐王宇文宪文武全才，德才兼备，战功、政绩卓越，威望很高。结果宇文赟刚一即位，就因为妒忌杀了自己的叔父。接着又拿武帝所信任的一大批宗室重臣与国家栋梁开刀，杀害了文武双全的大将军、郯国公王轨及宗室重臣宇文神举、宇文孝伯等人。最终，宇文赟的倒行逆施导致内外恐惧不安，人人自危。

在强大父权压抑下成长起来的宇文赟极度自我和狂妄，视政治为儿戏，举止荒唐到了极致。大成元年（579年），执政才1年多的宇文赟感觉做皇帝早起视朝太过辛苦，于是就把皇位传给了7岁的儿子宇文阐。宇文赟21岁就成为太上皇，这大概是中国历史上最年轻的太上皇。宇文赟改年号为大象，自称天元皇帝，杨丽华为天元皇后，住处称为"天台"，对臣下自称为"天"。由于纵欲过度，游玩无度，宇文赟的健康状况迅速恶化。大象二年（580年）五月，宇文赟病危，御正下大夫刘昉、内史上大夫郑译伪造诏书，让隋国公杨坚接受遗命，辅佐朝政。当日，宇文赟在天德殿病逝，享年22岁。宇文赟8岁的儿子宇文阐"亲政"，即后来的北周静帝。

宣帝宇文赟死后，宇文赟的岳父、静帝宇文阐的外公杨坚把持了朝政，君主年幼，人心疑惧不安。杨坚，鲜卑小字为那罗延，鲜卑姓氏为普六茹，汉族，弘农郡华阴（今陕西华阴）人。杨氏是自西汉以来的名门望族，杨坚为汉太尉杨震十四世孙。西魏时，杨坚的父亲杨忠追随独孤信投靠了宇文泰。宇文泰创立府兵制，独孤信以军功卓著成为府兵八柱国之一，杨忠也成为十二大将军之一。杨忠死后，杨坚承袭父爵，成为隋国公。但在北周武帝宇文邕时代，不甘居于人下的杨坚常受到睿智多疑的武帝的猜忌，于是时常有"身在帝王边，如同伴虎眠"的感觉。然而，杨坚也有一番韬光养晦的高超本领，据史料记载："（杨坚）生性严肃，有威严的仪容，外表木讷，内心却聪明、机敏，且有宏伟的志向。"宇文邕死后，其子宇文赟即位。杨坚的长女杨丽华被宇文赟封为皇后，杨坚晋升为柱国大将军、大司马。宇文赟一直怀疑杨坚有不臣之心，曾说"要杀杨氏满门"，并处心积虑找其把柄，但杨坚每次与皇帝交谈都神色自若，使宇文赟无隙可乘。

　　杨坚以外戚身份控制了北周朝政，开始了篡夺北周大权的图谋。杨坚先是将北周宗室"五王"即赵王宇文招、陈王宇文纯、越王宇文盛、代王宇文达、滕王宇文逌骗至长安，将"五王"与雍州牧毕王宇文贤以谋反的罪名一起杀掉。相州（今河北临漳西南）总管尉迟迥首先起兵，讨伐杨坚的不臣行为，郧州（今湖北安陆）总管司马消难、益州（今四川成都）总管王谦响应。杨坚凭借关中强大的府兵，派韦孝宽出兵打败了尉迟迥，很快击灭了三方的反抗武装。杨坚通过杀戮和征伐，尽灭宇文氏之族，清除了鲜卑族中的反对势力，完全控制了朝政，为其篡权铺平了道路。大定元年（581年），魏晋以来的"禅位"大戏再次上演，外戚杨坚逼自己的外孙宇文阐禅让帝位，北周灭亡。杨坚建立隋朝，改元开皇，建都长安（今陕西西安西北）。不久，杨坚暗中派人害死自己年仅9岁的外孙宇文阐。

杨坚的隋取代了北周，也承担了北周未完成的统一中国的使命。开皇八年（588年），隋文帝在寿春（今安徽寿县）置淮南道行台省，以晋王杨广为行台尚书令，主管灭陈事宜。隋文帝命杨广集中50余万的水陆大军，从长江上游至下游，分八路大举攻陈。年底，隋军在长江上游发起进攻，杨俊率军10万出襄阳，屯于汉口（今湖北汉水入长江处），与驻守江夏的陈军相持月余。杨素率水军出永安（今四川奉节东），沿三峡而下。长江上游的军事主动权完全掌握在隋军手中。开皇九年（589年）正月，隋军分路秘密渡江，贺若弼军出广陵（今江苏扬州西北），率军攻占京口（今江苏镇江）；韩擒虎军自横江浦（今安徽和县东南）渡江袭占采石（今安徽马鞍山西南），攻克姑孰（今安徽当涂）。此时，陈军尚有10万余人，后主陈叔宝错误地将军队全部集中部署于城内外，列阵20余里，首尾进退互不相知。贺若弼率

8000名甲士进攻陈军薄弱部，陈军一溃而不可止。同日，韩擒虎率军直逼建康，从朱雀门进入建康城，俘虏陈叔宝。二十二日，杨广入建康，令后主下诏投降。吴州等地拒降被攻灭，余皆归附。至此，隋王朝结束了中国自东晋以来270多年南北分裂割据、战乱不止的局面，使中华大地再次统一于中央政权之下。

开皇二年（582年），隋文帝在汉长安城东南20余里的龙首山南麓另建新都，取名大兴城，并于次年三月正式迁入新都。魏晋南北朝是一个政权更替频繁、战乱多于和平的年代，汉长安城曾作为一些政权的都城，遭受过太多战火的洗劫，破坏常常十分严重。然而，也正有赖于这些异族政权的不时维修和增建，汉长安城的一些建筑和整体规模才得以大体保存，最后基本维持当初的格局。到了隋代，中国的统一再次实现，由于汉长安城过于残破，宫室狭小，与新兴的统一王朝不相匹配；而且汉长安城中地下水受到污染，水质咸卤，不宜饮用，于是汉长安城彻底失去了国都的功能，从此成为历史的遗迹。虽然此后唐敬宗、武宗时还曾对汉长安城的一些建筑做过一些修护，但那已经成为唐代禁苑中的一些古迹遗存，只是为了寄托对古人的幽思。

杨坚从小外孙手中夺取政权，取代北周建立隋王朝。清代赵翼认为杨坚得天下太过容易，说道："古代获得天下最容易的人，没有超过隋文帝的。凭借宣帝

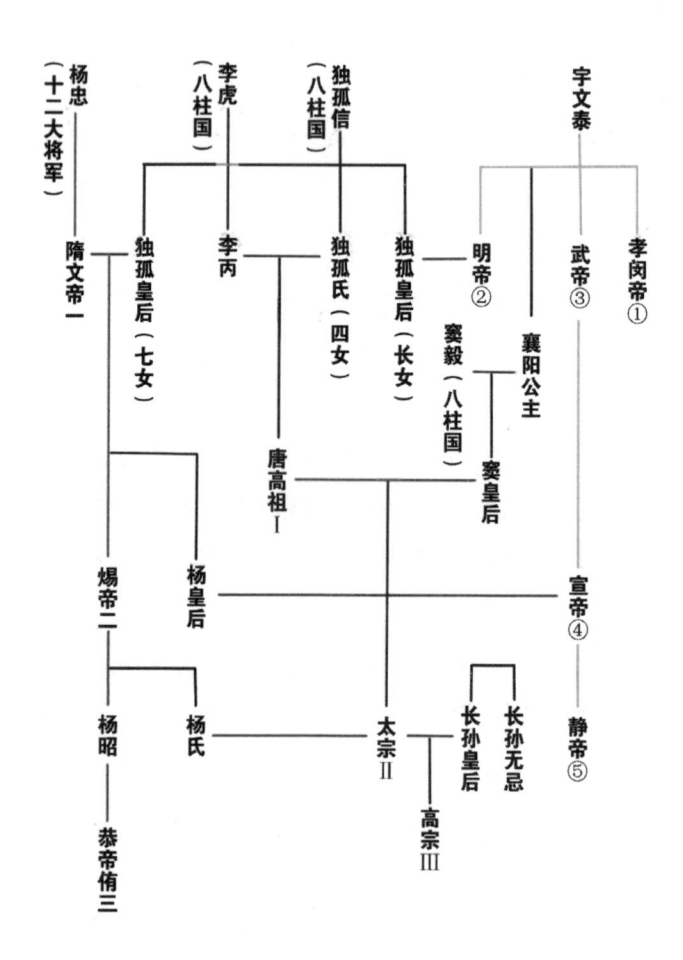

北周、隋唐统治者关系图

岳父的身份，正赶上宣帝年纪轻轻就死了，勾结郑译等人假制诏书入朝辅政，于是轻而易举地夺取北周的帝位。"（《廿二史札记·隋文帝杀宇文氏子孙》）这种说法有一定道理。因为宣帝宇文赟的暴政导致北朝政局的动荡和统治集团的内耗，人心思治，已经具备充足政治条件的杨坚很快就完成了以隋代周的历史转折。整个过程阻力较小，主要来自宇文家族的不满。最终，隋文帝杨坚父子完成了统一中国的伟大事业，抑制了强大突厥的南下，实现了北周武帝"平突厥，定江南"的遗志。同时，杨坚令宇文恺设计和建造了大兴城，实现了古长安的涅槃和复兴，一个新的时代开始了。然而，大概因为"得以易，失之也易"，隋王朝三世而亡，恭帝杨侑最终难逃禅让李唐之命运。

第四章 文化更生
——民族融合中的绚丽文化

魏晋南北朝时期,长安乃至关中地区的文化整体处于汉、唐两个文化发展高峰之间,相较自然黯淡了很多。这一时期,作为主流文化代表的玄学和骈文都与这一地区关涉较小。但是,多民族融合和多元文化交融的长安因为拥有充满活力和差异性的外来文化,特别是来自印度和西域的佛教文化与中国传统文化不断冲突和融合,逐渐形成了自己的文化特点,酝酿着又一次的文化崛起。

一、乱世悲歌
——建安文学与古都长安

魏晋时期,长安在文学方面的表现并不突出,但也取得了一些成就。"建安文学"中的王粲、女诗人蔡文姬等都在长安一带生活或避过难,他们的文学创作记录了自己与长安的悲欢离合。

王粲,字仲宣,山阳郡高平县(今山东微山两城镇)人。王粲家世显赫,祖上三代都是汉朝高官,是太尉王龚曾孙、司空王畅之孙,父亲王谦曾任大将军何进的长史。王粲是个少年天才,聪颖过人,博闻强记。据说,他和友人同行,看见道旁有一座古碑,看过一遍就可以一字不差地背诵;曾经观看别人下棋,围棋棋子被人无意搅乱,他可以立刻恢复原局。同时,王粲兴趣广泛,精通算理,著有《算学》。当然,最负盛名的是他的文章，下笔千言立就。

东汉初平二年（191年），汉献帝受董卓胁迫西迁至长安，年仅14岁的王粲也随同家人一起前往。当时，著名大学者、左中郎将蔡邕依附董卓，显赫一时。虽然蔡邕府上整日宾客如云、车马塞巷，但是听说"小神童"王粲到访，竟然高兴得"倒穿着鞋去迎接"，并向众人介绍说："这是司空王畅的孙子，有超出常人的才学，我也比不上他。我家里的书籍和文章应当全部送给他。"（《三国志·魏书·王粲传》）好景不长，董卓被王允设计诛杀后，长安陷入一片混乱。初平四年（193年），17岁的王粲被征召出任汉献帝的黄门侍郎，专门负责传达皇帝的诏令。但是，因为长安局势太过混乱，王粲没有赴任。后来，王粲去荆州投靠祖父王畅的学生刘表。对于涉世未深的贵族公子王粲来说，艰难跋涉的南下路是一场艰难而又惊心动魄的旅行。战争的巨大破坏力造成的白骨蔽野、稗草连天的荒凉景象深深震撼了他幼小的心灵，他以少年的壮志雄心和悲天悯人的情怀创作了建安时代典型的慷慨悲凉之作——《七哀诗》。王粲以细腻、敏感的笔触写道："西京乱无象，豺虎方遘患。复弃中国去，委身适荆蛮。亲戚对我悲，朋友相追攀。出门无所见，白骨蔽平原。路有饥妇人，抱子弃草间。顾闻号泣声，挥涕独不还。未知身死处，何能两相完？驱马弃之去，不忍听此言。南登霸陵岸，回首望长安。悟彼下泉人，喟然伤心肝。"

董卓死后，怀有豺狼之心的董卓部将李傕、郭汜开始攻打长安，疯狂报复，无辜的民众死伤无数。据《后汉书·董卓传》记载：当时一斛（十斗）谷物竟然卖到50万钱，大豆和小麦也卖到20万钱，甚至出现了人吃人的现象。惨白的人骨堆积在一起，散发着臭气的秽物填满巷道。此时，王粲只能不情愿地离开古都长安，去处于荆楚荒蛮之地的荆州追寻自己的理想。十里长亭外，以酒作别时，亲戚、朋友都攀附着他的车辕，舍不得离开。战乱中的别离，前途未卜，或许就是永诀，怎能不令人悲伤、呼号！离开遭受战乱摧残的破败长安，王粲的心情并不能释然。昔日长安城外阡陌纵横、禾麦青青的原野，此时却到处是累累白骨。一片死寂无声，令人惨不忍睹、毛骨悚然。路上有个饥饿又蓬头垢面的妇人，狠心地将自己怀中的孩子扔到了荒草之间，听着孩子撕心裂肺的号哭，处于绝境的母亲忍不住回头顾盼，但最终还是流着眼泪，踉跄地走开了。天下哪有不爱自己孩子的母亲，但是处于如此绝境，又有什么办法？造就如此惨祸，究竟是谁的错呢？此次南下，王粲自己也是前途未卜，不知能否躲过战乱，顺利到达荆州，此时又怎能出手援助，救得母子的性命！再说，逃难路上，扶老携幼、濒临绝境的人太多了！自己手无缚鸡之力，又岂能一一相救！于是，王粲狠心驱马前行，挥泪丢下身后众多的苦难之人。向南登上汉文帝陵墓的高台，回望西北方向陷入战火、残破无比的长安城，多少无辜的人身首异处、家破人亡，令人痛心疾首！此时王粲才真正感悟《国风·曹风·下泉》一诗中曹国臣子感伤周王室日益衰微，强大的诸侯国以强凌弱，小国得不到保护，因而怀念周初比较安定的社会局面，并为此痛心疾首的良苦用心！

然而，荆州却成为心高气傲、才华横溢的王粲的伤心之地。王粲兄弟刚到荆州时，得到荆州牧刘表的热情款待，后来刘表对王粲却一天比一天冷淡。尽管王粲智力早熟，文采卓越，但是生理发育有问题，又瘦又小，且相貌丑陋。再加上王粲无法改变的那副恃才傲物、自视清高的神态，自然遭到刘表的反感。本来刘表计划招王粲为婿，那样王粲将前途无量。但是看到貌丑且心高气傲的刘粲，刘表就气愤不已，于是就把女儿嫁给了王粲的哥哥。刘表的所作所为令王粲颜面无光，王粲感到无尽的失落和悲伤。以后的十几年中，刘表只是偶尔给"以天下为己任"的王粲一点小事做做，借此消磨他那桀骜不驯、恃才傲物的个性。王粲在荆州继续着自己"琴棋书画诗酒花"的"文青"生活，闲暇之余用笔抒发自己的不幸和绝望，于是创作了《登楼赋》，造就了其显赫的文学地位。王粲蹉跎了16年，饱尝人情冷暖，却留下了可以传之千古的佳作。

建安十三年（208年），刘表病逝。31岁的王粲终于有了出头之日，得到了一展宏图的机会。当曹操率80万大军南下时，王粲说服刘表之子刘琮归降了曹操，从而断送了刘表在荆州建立的基业。作为回报，曹操任命王粲为自己的丞相掾（副官），赐爵关内侯，后又升任军谋祭酒。建安十八年（213年），汉献帝封曹操为魏公。曹操成立府署，王粲得以官拜侍中。王粲博学多识，如有问询，对答如流，受到曹操的赏识和重用。王粲还同曹丕、曹植建立了深厚的友谊，经常诗赋唱和。建安二十二年（217年），王粲随曹操南征孙权，死于进军途中，享年41岁。王粲是"建安七子"中地位和文学成就最高的，被称为"建安七子之冠冕"。

少年英才的王粲固然遭遇了一些不幸和挫折，但也只是作为一个文人，难以施展其自以为是的才华和济世理想，这其实叫不上"苦难"。"自古红颜多薄命"，在一个盗匪横行的战乱年代，一名才华出众的女子更难掌控自己多舛的命运。

蔡文姬名琰，字文姬，又字昭姬，东汉陈留郡圉县（今河南开封杞县）人，东汉大文学家蔡邕的女儿。蔡文姬自幼受到良好家庭环境的熏陶，有很好的文化教养，十几岁就成为一代才女，史载其"博学多才，能言善辩，又精通音律"（《后汉书·列女传》）。成年后，蔡文姬嫁给了河东世家子弟卫仲道。但不幸的是，丈夫因咯血而死，两人也没有儿女，蔡文姬只能回到父亲家里寡居。蔡文姬富有文采，留有诗两首，均题为《悲愤诗》，一为五言，一为骚体，另有古乐府琴曲《胡笳十八拍》。

董卓掌控东汉政权后，听闻蔡邕的才气，征召其来京。蔡邕推托不掉，不得已由寡居在家的蔡文姬陪伴来到洛阳。后来，蔡邕父女随董卓迁居长安。才学出众的蔡邕作为士人领袖得到董卓器重，一时宾客如云、车马塞巷，可谓意气风发。蔡邕的"高调"自然遭人嫉恨，其中就包括隐忍不发的司徒王允。董卓被王允等人设计暗杀之后，蔡邕不但不表示庆贺，而且还对有知遇之恩的董卓发出同情的叹息，这明显属于读书人的"不识时务"。此时，大权在握、心胸狭窄的王允要把蔡邕作为董卓党羽严加惩办。临刑之前，蔡邕向王允表示自己有志于修著"汉史"，这正是爱玩政治手腕的王允所恐惧的，因此蔡邕无异于又给了自己贴了一张"催命符"。事实上，蔡邕说到底是一个有底线和道德的文人，有理想和抱负，对于宫廷复杂的政治斗争却看不清，也处理不了，最终因此殒命！

此时长安一片混乱，东汉军队、董卓余部、马腾等各派势力厮杀不已。失去父亲庇护的蔡文姬无依无靠，沦为难民。蔡文姬在其五言自传诗《悲愤诗》中写道："卓众来东下，金甲耀日光。平土人脆弱，来兵皆胡羌。猎野围城邑，所向悉破亡。斩截无孑遗，尸骸相撑拒。马边悬男头，马后载妇女。长驱西入关，迥路险且阻。还顾邈冥冥，肝胆为烂腐。"此时，董卓余部李傕、郭汜要为董卓报仇雪恨，举兵攻打长安。董卓的西凉军中有大量的羌胡，作战彪悍，东汉军队简直不堪一击。本就残破的长安城很快被攻破，董卓余部在长安周边烧杀抢掠，无恶不作。野蛮、凶暴的豺狼军队杀人盈野，尸骨填城，将成年男子杀死，而将汉族妇女作为战利品掳走。董卓的军队胡作非为，抢男霸女是有传统的，据《三国志·董卓传》载，董卓曾经派遣军队到阳城，当时正值"二月社"，民众在社下祭祀。残暴的军队就将男子的头颅割下来，驾着百姓的牛马和车辆，上面装载着妇女和财物，将男子的头颅系在车辕上，蜂拥回到洛阳，报告董卓说这都是攻破城池所缴获的战利品，并齐声高呼"万岁！"。蔡文姬将自己的遭遇与董卓在洛阳的暴行记录下来。也有学者认为蔡文姬并非是在长安被掳走的，如刘开扬在《关于蔡文姬及其作品》一文中说："蔡文姬便很可能是在陈留郡圉县被李（傕）、郭（汜）等的乱兵中的羌胡掳到了关中去的，后来右贤王去卑和白波帅韩暹等率众与李、郭战，获得胜利，文姬便又没于右贤王。"作为被掳走的妇女之一，蔡文姬要被带到蛮荒的塞外，她披枷戴锁踉跄跋涉，艰险而又痛苦，回顾逐渐远去的城市，不禁肝肠寸断。

蔡文姬还记录了在匈奴战俘营的苦难生活,《悲愤诗》中写道:"所略有万计,不得令屯聚。或有骨肉俱,欲言不敢语。失意几微间,辄言毙降虏。要当以亭刃,我曹不活汝。岂复惜性命,不堪其詈骂。或便加棰杖,毒痛参并下。旦则号泣行,夜则悲吟坐。欲死不能得,欲生无一可。彼苍者何辜,乃遭此厄祸。"对于成千上万来自汉地的俘虏,蛮横的羌胡兵不让他们聚集。即使骨肉至亲相遇,也不敢说一句话,只能道路以目。稍不留意,面目狰狞的胡兵就会骂道:"杀死这些俘虏时不要客气,正好我们的刀刃有空闲,本来就不想让你们活下来。"这时难道还会顾惜性命,忍受不了他们的怒骂?连打带骂也是家常便饭。俘虏们日夜号泣悲吟,欲死不得,欲生不能。于是蔡文姬怀着满腔悲愤,呼天而问:"这些无辜的人究竟做了什么孽?要遭受如此大罪!"

蔡文姬在匈奴聚居之地生活了12年之久,嫁给了匈奴左贤王,并生下两个儿子,生活逐渐改善。然而,蔡文姬心怀故国,在《悲愤诗》中写道:"边荒与华异,人俗少义理。处所多霜雪,胡风春夏起。翩翩吹我衣,肃肃入我耳。感时念父母,哀叹无穷已。有客从外来,闻之常欢喜。迎问其消息,辄复非乡里。"当时,今天的山西一带已经大多被南迁的匈奴所控制,匈奴人粗野不讲礼仪，气候也与温湿的中原不同，房屋长时间盖满霜雪，北风不分春夏呼呼刮起。每当北风翩翩刮起她的衣裳，呼呼风声吹入她的耳朵，就会引发她对父母的思念，这样的哀怨和叹息不能止息。每当有客人从外地到来，听到中原汉人的口音就令她感到欣慰，急忙迎上前打听家乡的消息，却被告知并非乡人邻里。对于故乡的近况，客人也不清楚，这令蔡文姬感到极为沮丧。

官渡之战后，南匈奴归附曹操。曹操将南匈奴分为五部，每部择立贵族为帅，另选汉人为司马对其进行监督。曹操向来喜爱文学、书法，昔日常与蔡邕交流，两人关系很好。曹操知道蔡邕没有子嗣，女儿也流落匈奴，感到很难过。建安十一年（206年），曹操用金璧将蔡文姬赎回来。《悲愤诗》写道："邂逅徼时愿，骨肉来迎己。己得自解免，当复弃儿子。天属缀人心，念别无会期。存亡永乖隔，不忍与之辞。儿前抱我颈，问母欲何之。人言母当去，岂复有还时。阿母常仁恻，今何更不慈。我尚未成人，奈何不顾思。见此崩五内，恍惚生狂痴。号泣手抚摩，当发复回疑。兼有同时辈，相送告离别。慕我独得归，哀叫声摧裂。马为立踟蹰，车为不转辙。观者皆嘘唏，行路亦呜咽。"蔡文姬没想到自己还可以回到中原，十分庆幸和欣喜。然而，转念一想，自己不可能把两个匈奴血统的儿子带回汉地，将面临抛家弃子或回归故乡的两难选择。一旦要回归故乡，势必要和爱子永诀，从此天各一方。这时，儿子抱着妈妈的脖子问道："母亲要到哪里去？人们都说您要离开，我们还能再次团聚吗？您不是一直教导我们要'仁爱'吗？您为什么这样无情！我们还没有长大，您为什么不照顾我们了？"听到儿子的哀求和诘问，蔡文姬五脏俱裂，恍恍惚惚如痴如狂，无言以对。要离开的时候，蔡文姬拉着孩子的小手痛哭流涕，犹豫不决。此时，一起被掳掠来的难友都来为她送别，他们羡慕她终于可以归乡，哀叫声伤心欲绝。马儿也踟蹰不行，车轮因伤悲而停转。围观的人都唏嘘不已，行路者也不停地抽噎！

　　蔡文姬以实录的手法，描写了自己经历的一场场生离死别，让人深刻感受到其被掳掠后离开长安时的恐惧和痛苦，和匈奴人一起生活的12年中伤感而又满怀期待的心情，以及和儿子离别时的无奈和惨痛。书写字字泣血，悲恸萦绕，使人动容。蔡文姬是幸运的，可以再次回到故乡；但她也是不幸的，要再次经历与子女的生离死别。当然，蔡文姬的悲惨人生只是一个时代的缩影，横死于羌胡战刀之下的男儿，夭亡于被俘路上的少女，战乱导致的生离死别成为那个时代永远的痛！"英雄"的历史大多是远离战火的好事者伪造的，只有离别与永诀的痛才是现实。

蔡文姬回到中原后，被安排嫁给了陈留屯田都尉董祀。比蔡文姬年龄小的董祀对这段政治婚姻不太满意。后来董祀犯罪论死，蔡文姬亲自向曹操求情，时值严冬，文姬头发蓬松，向曹丞相叩头请罪，辩白清楚明了，让人听者都为她动容，曹操最后同意赦免董祀。据说，蔡文姬晚年定居长安，最后长眠于这片令她挚爱和伤悲的土地上。力高才在《蔡文姬晚年事迹考》一文中认为：蔡文姬的曲折人生并没有因嫁给董祀而结束，事实上，蔡文姬与董祀的婚姻只维持了很短的一段时间，后来又嫁给羊道并生有一子一女，西晋著名儒将羊祜就是蔡文姬与羊道所生之子，其女则为司马师的皇后，蔡文姬大约在魏正始十年即249年前后去世，享年约73岁。蔡文姬墓在西安东南蓝田县三里镇蔡王村西北，高7米，林木葱郁，是陕西省重点文物保护单位。

东汉末年，作为古都长安政治、社会大动荡的亲历者和见证人，王粲和蔡文姬通过悲痛欲绝、字字泣血的文字书写了一曲曲乱世悲歌。他们感伤时事，援笔抒情，书写着自己的不幸与伤痛，为后世留下一段催人泪下的"诗史"，也为那个所谓"英雄的时代"做了另一种不同的注解。

二、侨居汉地的天竺佛学大师
——鸠摩罗什与草堂寺

佛教传入中国，一般认为始于东汉明帝。佛教在魏晋南北朝的兴起，则应归功于长安这片热土。从西晋至隋代，关中涌现的高僧数量远远超过其他领域的文化名人，长安成为当时中国的佛教传播中心。姚秦时代，长安迎来了著名的佛教导师——鸠摩罗什，成为中国佛教发展史上的盛事。鸠摩罗什通过高超的翻译手段把佛教经典介绍到中国，成为中国佛教史上屈指可数的伟人之一。

鸠摩罗什，音译为鸠摩罗耆婆，又作鸠摩罗什婆，原籍天竺（今印度与巴基斯坦的统称），生于西域龟兹国（今新疆库车）。鸠摩罗什的父亲鸠摩罗炎为天竺人，家世显赫，据说世代为相。鸠摩罗炎天赋异禀，本应直接继承相位，然而他却放弃荣华富贵，打算出家修习佛学，于是远赴西域游学，拜访名师。当鸠摩罗炎游历到龟兹国时，国王久闻其大名，非常敬慕其德行，于是延请鸠摩罗炎为国师。当时，龟兹王有妹妹名耆婆，聪颖明智，好学善思。西域诸国王子竞相提亲，她却一概拒绝，所以已经20岁了还未婚配。直到遇到鸠摩罗炎——她心目中的"白马王子"，决然以身相许。不久，鸠摩罗什就出生了。"鸠摩罗什"就是其父名鸠摩罗炎与母名耆婆的合称，汉语译名为"童寿"。

此时的鸠摩罗炎志得意满，沉醉于名利之中，早已打消了昔日追求佛学真谛的宏愿。耆婆却领悟到人世间的苦难和无常，立志修行，却遭到鸠摩罗炎的强烈反对。耆婆以绝食作为回应，最终剃度受戒，年仅7岁的鸠摩罗什也随母亲一起出家。鸠摩罗什博闻强记，往往一诵即通晓佛学妙谛。为了摆脱名利的困扰，耆婆带着鸠摩罗什到罽宾国（今克什米尔地区），令其师从名德法师槃头达多，学习《中阿含经》《长阿含经》，共400万言。12岁时，鸠摩罗什又随母亲到沙勒国求法，师从佛教大师须利耶苏摩，得以遍习大乘，尤其精通《中论》《百论》《十二门论》等经典。鸠摩罗什跟着母亲，到各地参学弘化，对佛法的研读与体悟日益深化。20岁时，鸠摩罗什曾被龟兹国王迎接回国。鸠摩罗什声名鹊起，讲经传道"道震西域，名被东国"，西域诸国将其奉为神明。据说每次讲经时，诸国王都要长跪坐榻之侧，让鸠摩罗什踏身而登座。

十六国时期，关中地区政局动荡，战乱频仍，佛教成为纾解民众内心痛苦的精神寄托。在关中的外族统治者绝大多数崇信佛教，这就使得关中出现佛寺林立、僧尼百万的盛况。同时，无论是来华传教的异国僧侣，还是西行取经的中国僧人，都要取道长安才能进入中原或江南。这就为长安及关中的佛教发展提供了便利；长安统治者为了探求佛教真义，也积极延请天竺和中亚僧人在长安进行大规模译经活动。前秦崛起于关中时，鸠摩罗什已经是西域的佛教领袖。苻坚崇信佛教，由高僧道安和弟子慧远等推荐，希望能够迎接鸠摩罗什到长安传播佛教。前秦建元十八年（382年），苻坚派遣骁骑将军吕光率兵7万远征龟兹诸国，其实就有秘密迎请鸠摩罗什的意图。

当前秦吕光率兵攻破龟兹之时，正值苻坚遭遇淝水之战失败之际。不久，姚苌杀苻坚建立后秦，长安换了新的主人。吕光无法回到关中，只得在姑臧（今甘肃武威）自立为帝，建立后凉政权。尽管鸠摩罗什是得道高僧，但"年齿尚少"，因此吕光就把罗什法师当成凡夫俗子戏弄，强迫他与龟兹王的公主结婚，又命令罗什骑乘猛牛与恶马，嘲讽他从牛背和马背摔落的滑稽样子。几番恶意欺负，鸠摩罗什都丝毫没有怒色。最后，吕光感到惭愧,才停止了轻慢无礼的行为。

姚苌建立后秦,曾虚心礼请鸠摩罗什弘法,但吕氏担心鸠摩罗什一旦为姚苌所用,将会对凉国不利,于是不准鸠摩罗什东行。姚苌死后,姚兴即位,号称贤主。后秦弘始三年(401年),姚兴派遣陇西硕德西伐凉国吕隆,后凉军队溃败,投降后秦。当年十二月二十日,姚兴派人迎鸠摩罗什至长安,此时鸠摩罗什已经58岁。鸠摩罗什被姚兴尊为"国师",入驻逍遥园西明阁。

姚兴为鸠摩罗什在长安南郊圭峰山下逍遥园千亩竹林中"茅茨筑屋,草苫屋顶",起名草堂寺,在此成立规模宏大的译场,由鸠摩罗什主持翻译佛教经典。参与翻译佛经人数众多,姚兴派遣有800名高僧,还有诸多鸠摩罗什弟子协助,总数多达两三千人,其中有很多饱学之士。翻译佛经有精细的分工,包括诵出、核对原文、翻译、润饰文字、确认、写定文本等各有专责。译经过程中,鸠摩罗什既是翻译主持者,又担任经典讲解者和讨论主持人;参与者不仅听讲,还参与质疑和讨论。如此译经像是大规模的研讨会,译场则更像教学和研究机构。因此,鸠摩罗什将译经和讲经结合,开创自由讲学的风气,带给中国佛教界全新的方法和精神。

经过10余年的努力,鸠摩罗什先后译出《摩诃般若波罗蜜多心经》《维摩诘经》《佛说阿弥陀经》《金刚经》等,共计74部384卷。其所介绍之中观宗学说,在佛教史上造成巨大影响；所翻译之《中论》《百论》《十二门论》为后世三论宗之渊源，鸠摩罗什本人也被视为三论宗祖师；所译《妙法莲华经》则是天台宗常理的根据；《成实论》为成实宗的根本要典；《阿弥陀经》《十住毗婆沙论》为净土宗的基本经典；《佛说弥勒成佛经》则促成中国弥勒信仰的发展；《坐禅三昧经》增益菩萨禅的盛行；《梵网经》广传大乘戒法；《十诵律》则是研究律学的重要典籍；《金刚经》更为后世家喻户晓，对禅宗的形成有着直接影响。因此，中国后来的重要佛学流派与鸠摩罗什均有关联。

鸠摩罗什之前，西域高僧如安世高、道安等，翻译佛经都以直译为主。鸠摩罗什通晓佛教经典的内容，也精通梵文、汉语和中亚诸国语言，博学多闻，见识卓著，兼具文学素养。而且，鸠摩罗什长居凉国17年，对于中土民情非常熟悉，对语言文字运用自如。因此，鸠摩罗什彻底改变了过去硬译、直译的方法，改用意译，这样既符合中土行文习惯，又准确地反映了原文的意思。所译经书，简洁晓畅，文字优美，辞理圆通，信而达雅，故得以长期流传，深受僧众的喜爱，成为祖本。客观地说，鸠摩罗什处于承上启下的地位，是中国佛教经典翻译史上的里程碑人物。

鸠摩罗什还在草堂寺讲经授法，据说有弟子五千，最著名的弟子有道生、僧肇、道融、僧叡，时称"什门四圣"。"四圣"加道桓、昙影、慧观、慧严被称为"什门八俊"。"八俊"另加道常（恒）、道标被称为"什门十哲"。

据《高僧传·鸠摩罗什传》记载，鸠摩罗什虽为圣僧，但由于生逢乱世，无法坚持戒律，曾经受逼于吕光，娶龟兹王女儿为妻。到了长安之后，姚兴认为鸠摩罗什悟性极高，天下无人超越，假如不幸过世，"法种"无法传世，于是送给鸠摩罗什10名妓女，威逼其接受。为了完成译经大业，鸠摩罗什只得忍辱负重，体验生命之苦。临终前，鸠摩罗什曾经嘱咐他的弟子应以其著译而不以其生活行事规范他们的行为，譬喻"臭泥中生莲花，但采莲花勿取臭泥"。后来，感知大限将近的鸠摩罗什与众僧道别时说，自己总共翻译经论300多卷，只有《十诵律》一部还没来得及删繁就简，但保存了其本义，一定没有偏差，希望所有的译著都可以流传后世，都能弘扬流通。他在大家面前真诚发誓，如果流传的译著没有谬误，焚化其肉身之后，舌头不会被烧焦糜烂。后秦弘始十五年（413年），七十高龄的鸠摩罗什圆寂，在逍遥宫依照佛教制度焚化肉身，火灭身碎后，唯有舌头完好无损。姚兴将其骨灰安置在草堂寺。今在西安鄠邑区东南秀美的圭峰山下的草堂寺内有八宝玉石塔，用八种颜色的玉石雕刻镶嵌，书写"姚秦三藏鸠摩罗什舍利塔"，下有精美的浮雕。

鸠摩罗什一生常周旋于帝王将相之间，还间接导致了两次战争的爆发，自身也频繁遭受耻辱和苦难。大师仍以弘扬大法为重，不避权贵，不畏世俗，"苦而无恨，辱而不屈"。鸠摩罗什的功绩在于对佛教经典完美、流畅地翻译，梁启超将其称为"译界第一流宗匠"。鸠摩罗什的到来，使中国之佛教面目一新，对中国佛教发展绝对功不可没。至今，鸠摩罗什作为中国历史上著名佛学大师和译经大师，其名声和传奇的一生一直传颂不绝，成为西域诸名僧中最受佛教界人士欢迎和尊敬的高僧大德，其译著永存后世。其在中国人心目中的地位只有唐代玄奘法师可比。

三、伟大地理学家的悲惨命运
——郦道元与长安

北魏郦道元是一名政治家，以执政威猛、用法严厉、刚正不阿而闻名，背负有"酷吏"的恶名，在魏收的《魏书》中被列入《酷吏列传》。为了避免关中的分裂，郦道元在长安被人刺杀。政治命运坎坷的郦道元热衷考察山水，知识渊博，以地理学名著《水经注》而彪炳史册。

郦道元，字善长，北魏范阳涿州（今河北涿州）人，据说是西汉开国大将军郦商的后人。永嘉之乱后，郦氏家族并没有追随晋政权南迁，而是继续留居华北地区，与鲜卑等异族政权密切合作。北魏太祖拓跋珪南征鲜卑慕容氏建立的后燕政权时，郦道元的曾祖父郦绍以郡太守的身份投降，北魏予以留任。郦道元的祖父郦嵩也官至天水太守。郦道元的父亲郦范曾任给事东宫，职责是侍候和教育太子拓跋焘。以此为契机，郦氏开始显赫。北魏太武帝拓跋焘即位后，立刻重用昔日的老师郦范。郦范年少有为，作为皇帝的亲信跟随北魏大将慕容白曜征战青州，主张施行恩威并重的策略。郦范在齐地转战3年，因战功卓著被任命为平东将军和青州刺史等职。

因郦范担任青州（今山东青州）刺史，郦道元就生于青州，在青州度过了自己的青少年时代。郦道元聪慧好学，博览群书，喜好游山玩水，对青州的青山绿水非常着迷。他曾在《水经注》中讲到，自己的父亲镇守青州，当时他还年幼，随父一起生活。每当炎夏七月，困倦无聊的时刻，他们就携带琴瑟，邀约好友，尽情地嬉戏游玩。他们撑起竹篙，荡着扁舟，逐浪漂流，在岸边林木的绿荫底下，穿过低垂拂水的柔枝，弹琴唱歌，互相应和，彼此都十分愉快。寄身在这清幽可爱的林泉间，在大自然中寄托自己的情怀。从中可以看出童年时代的郦道元心灵就与自然之趣相通，青州秀丽的山川风景给其带来无尽的欢乐。

郦道元对河流的最早关注源于青州的南阳河，其属于弥河的支流。当父亲郦范出任青州刺史后，已经断流3年的南阳河竟然复流，而且水势汹涌。本来南阳河作为一条北方小河流，流程短、流量小，遭遇干旱和洪涝，出现流量变化是很正常的事。但是，郦道元出于对父亲的崇敬之情，认为是父亲治理青州的功德感动上天所致。可能正是由于此事，他对青州乃至天下的河流产生了兴趣。

北魏太和十八年（494年），孝文帝元宏从平城迁都到洛阳，年青英俊、意气风发的郦道元正式进入官场。郦道元最初以尚书郎身份跟随孝文帝北巡，一心想有所作为，施展自己的才华。不久，郦道元的父亲去世，他承袭了永宁伯的爵位。御史中尉李彪因为郦道元执法清正严明，把他从太傅掾调任治书侍御史。后来，李彪被仆射李冲弹劾，郦道元因为是李彪的属官受牵连而被罢免。北魏景明年间（500—503年），郦道元出任冀州镇东府长史。冀州刺史于劲是顺皇后的父亲，当时率军西征关中，冀州实际由郦道元掌管治理。郦道元为政严酷，手下官吏都畏惧他，冀州的奸徒盗贼逃往他地。后来，郦道元又被任命为鲁阳（今河南鲁山）郡守，他上奏中央请求设立地方学校，崇尚并奖励学校教育。皇上下诏现在接受此项建议，以实现鲁阳的文明教化。郦道元在鲁阳郡执政期间，蛮人敬服于他的威名，不敢劫掠。延昌年间（512—515年），郦道元又出任东荆州刺史。和在冀州一样，郦道元用铁腕执政，百姓控诉郦道元苛刻严酷（鲍远航《郦道元与北魏政治的纠葛》一文认为：把郦道元列入《酷吏传》当然不妥，但《魏书》所载郦道元之事也未必完全失实，郦道元可能是一个执法非常严厉的官吏。郦道元用法严酷应该与北魏吏治日趋腐败有很大的关系），请求前任刺史寇祖礼复任。寇祖礼派70名戍兵送郦道元回京，两人一起被免官。正是利用这将近10年的间隙，郦道元完成了《水经注》。

郦道元早在青少年时代就随父亲遍游齐地，对当地的山水极为熟悉，做官以后，条件更加便利。郦道元去过很多地方，足迹遍及今天的河南、山东、山西、河北、安徽、江苏等地。每到一地做官，郦道元都喜欢寻访当地名胜古迹，勘察山势水流。通过实地考察和研究现有山川的分布情况，他获得大量珍贵的第一手资料，尽量详细、准确地记载不断变化的地理面貌。同时，郦道元在处理冗繁的政务之余，也阅读了大量地理方面的典籍（据说有437种）和地图，积累了丰富的地理学知识。通过多年对自然、地理形势详细地调查和研究，郦道元撰写《水经注》的条件逐渐成熟。北魏宣武帝延昌四年（515年），45岁左右的郦道元因被罢免了东荆州刺史的职务，回乡闲居，得以着手撰写准备已久的《水经注》。经过大半生的深入思考和游历感悟，郦道元的创作灵感如突泉奔涡，酣畅淋漓于笔端，经过几年的呕心沥血，最终完成了《水经注》。

《水经注》原本四十卷（后佚失五卷，今本四十卷为残留三十五卷重新编定而成），共计30多万字。《水经注》形式上是对《水经》的注释和丰富，实际是在《水经》基础上的重新创作。《水经》一般认为是东汉桑钦所作，原文相当简略，只有1万字左右，是专门研究河流水道的书籍，共记录137条河流，但是无法说明水道分布、源流和变化情况。《水经注》内容要丰富得多，共记录了1252条河流，比《水经》增加了1000余条，文字增加了30多倍。《水经注》以水道作为线索，不仅记录了每条河流的发源地、流经区域、支渠和河道变迁等水文状况，而且将流域内的其他自然现象，例如地质、地貌、土壤、气候、物产、民俗等收录其中，还包括了城市兴衰、历史遗迹和神话传说等。《水经注》被认为是6世纪前中国第一部全面系统的综合性地理著述，对于研究我国古代历史和地理具有重要的意义。《水经注》涉及的范围广泛，生活在南北朝对峙时期的郦道元并没有把眼光局限于北魏所统治的地区，而是以河流水道为基础对整个中国的地理情况进行了记载，书中甚至还提到了一些外域河流，说明郦道元对国外地理也有一定了解。而且，整个《水经注》文学意味浓郁，充分展现了郦道元深厚的家学渊源和良好的文学素养。另外，《水经注》内容包罗万象，对于地理、历史、地名、语言文学、考古、文献研究均有重要的参考价值。

完成《水经注》后，魏廷开始重新起用郦道元。魏孝明帝正光四年（523年），郦道元出任河南尹。此时，北魏明帝下令将沃野、怀朔、薄骨律、武川、抚冥、柔玄、怀荒、御夷等军镇改为州，并将郡、县、戍恢复古名。明帝任命郦道元为持节兼黄门侍郎，急速与大都督李崇商讨裁减、改制诸镇的问题。后来，正赶上六镇起义，郦道元无功而返。孝昌（525—527年）初年，扬州刺史元法僧在彭城发动叛乱。魏廷任命郦道元为持节兼侍中、摄行台尚书，节制调度诸军讨伐。魏军行进至涡阳（今安徽亳州涡阳），击败叛军。郦道元率军追击，杀敌众多。

因为战功卓著，郦道元后又被任命为御史中尉。将近10年的"蛰伏"，仍然难以改变郦道元刚强、严猛的为官风格。由于郦道元不畏权贵，豪门大族对其颇为忌惮。皇亲元微诬陷叔父元渊，郦道元秉公执法，为元渊昭雪，元微因此嫉恨郦道元。又有孝文帝元宏的小儿子——司州牧、汝南王元悦，生活腐化堕落，喜欢男色。元悦宠幸侍臣丘念，常与其同起同卧。丘念凭借与元悦的亲密关系，甚至连州官选任这种大事也多由其决定。郦道元暗中查明事情原委，将丘念抓捕后投入大狱。元悦恳请灵太后保全丘念性命，灵太后下令赦免。郦道元抢在命令下达之前就处决了丘念，并因此事弹劾元悦。因此，豪强贵族十分痛恨郦道元，将其看作"眼中钉，肉中刺"。

刚直的郦道元注定仕途坎坷。尽管从太傅掾开始，历任治书侍御史、冀州镇东府长史、颍川及鲁阳等郡太守、东荆州刺史、河南尹、黄门侍郎、侍中兼摄行台尚书、御史中尉等职，郦道元官职节节高升，但也为自己的政治生涯埋下了隐患。事实上，作为北魏的一名汉族知识分子官僚，要想从等级森严的鲜卑门阀士族中脱颖而出并不容易。北魏汉族官僚职位要上升，必须依靠自己的才能，即军功和吏治，郦道元可谓兼而有之。北魏孝文帝要将野蛮落后的部落制转变为中央集权的官僚体制，就要大力推行均田制、俸禄制等改革。改革必然触犯旧贵族的利益，招致其反对。要将改革继续下去，贯彻变法的内容，北魏就要依靠秉公执法甚至采用严刑峻法的汉族官员来约束日益膨胀的豪强和皇族的权力，严厉打击贪赃枉法、堕落腐化。在这种背景下，北魏就出现了一批刚正不阿、不畏权贵的官员，例如御史王基、寇　和郦道元等。然而，北魏豪强贵族势力太大，改革阻力太大，要依靠数得清的几位"酷吏"澄清吏治，将改革贯彻到底，抑制腐败和不法，几乎是不可能的。孝明帝元诩年方6岁即继位，内政腐败日益严重。此时的郦道元还要继续惩治不法，打击豪强贵族，无异于飞蛾扑火、自取灭亡。

官场黑暗，仕途险恶，尔虞我诈，明争暗斗，自古如此。满怀书生意气，准备匡扶天下的郦道元身处危机之中而不自知。当时，北魏派遣雍州刺史萧宝夤镇压了关陇地区莫折念生、万俟丑奴等叛乱。势力膨胀的萧宝夤开始萌生独霸关陇的想法，反叛的迹象十分明显（参见本书第三章第二节之《"王子"复国记——萧宝夤与长安的齐政权》）。侍中、城阳王元微素来忌恨郦道元，因而建议朝廷任命郦道元为关右大使，负责处理棘手又危险的萧宝夤反叛事宜。北魏孝昌三年（527年），郦道元奉命赴任关右大使。萧宝夤受汝南王元悦怂恿，担心郦道元对自己不利，派遣部将把郦道元一行围困在阴盘驿亭（今陕西临潼东）。阴盘驿亭处于高高的山冈之上，需要从山冈之下的井中取水。郦道元一行被包围，无法下山取水，从山冈上钻井十多丈，也没见到水。郦道元一行没水喝，则无力抵抗，敌人得以翻墙而入。郦道元临死尚怒目斥骂敌人，声嘶力竭，令奸人胆寒。同时被害的还有郦道元的弟弟郦道峻，以及郦道元的两个儿子。可叹的是，郦道元终生爱水，最后却因水尽而亡！郦道元死后，萧宝夤派人收殓郦道元父子，在长安城东下葬。叛乱平息后，郦道元被运回京师发丧，赠吏部尚书、冀州刺史、安定县男。

郦道元遭小人算计，惨遭不测，血洒长安，在文化积淀深厚的长安止息了自己悲壮的一生。事实上，郦道元生前就对秦宫、汉都所在的长安和关中给予了特别的偏爱。《水经注》四十卷中有三卷半是描述连贯关中的渭水，几乎占了全书的十分之一。关中大地，山清水秀，郦道元以文学家的文采，更使关中山水增辉。郦道元作为中国古代伟大的地理学家，其《水经注》为自己建树了一座永远无法磨灭的丰碑，为中国古代地理学的发展做出了巨大的贡献。郦道元一生著述很多，除《水经注》外，还有《本志》十三篇，以及《七聘》等，可惜均已散佚。

四、身在异乡"哀江南"
——庾信与颜之推

在外族建立的北朝,庾信与颜之推是少有的两个文学大家。他们都是滞留北方的南朝人,而且人生轨迹相交。二人深受北方政权统治者的优待,在长安度过了自己的余生。在长期羁留北朝的岁月中,他们都饱受羁旅不归的思乡之苦。然而,由于际遇不同,两人的文学作品却反映了迥异的人生价值倾向。

庾信,字子山,原籍南阳新野(今河南新野),南朝梁天监十二年(513年)生于江南一个文人贵族家庭。庾信的父亲庾肩吾曾经出任梁散骑常侍、太子中庶子,是萧梁有名的宫廷文人,有着玄学家的清逸风度,很是超凡脱俗。在优裕、宽松的家庭环境中,庾信幼年时就秀美出众、英俊豪迈,思维灵敏,博览群书,无钟爱《左传》等儒家典籍。15岁时，庾信在诗文创作方面已经初露锋芒，做了梁朝昭明太子萧统的东宫讲读；19岁时又担任了梁简文帝萧纲的东宫抄撰学士，可以随意出入宫廷，受到萧梁皇帝的青睐，可谓少年得志。

颜之推小庾信将近20岁，当庾信已经风华正茂、志得意满的时候，颜之推才刚刚出生。颜之推，字介，原籍琅邪（今山东临沂东南），据说是孔门弟子颜回的裔孙。颜之推的父亲颜勰仕于南梁，任湘东王萧绎镇西府谘议参军。萧绎自己就是南梁皇族中杰出的学者，诗文俱佳，还有大量藏书。颜之推12岁便成为他的门徒，学习老庄哲学；又继承儒学传统，博览典籍，很为西府萧绎所赏识。年轻的颜之推"好饮酒，多任纵，不修边幅"，放荡不羁，不拘小节。

青年庾信和少年颜之推都过着悠闲自在、纸醉金迷的贵族生活。然而，一次翻天覆地的政治巨变彻底改变了两人的命运，这就是历史上有名的侯景之乱。这一年庾信34岁，而颜之推只有16岁。南朝萧梁建国之后的50年中，江南一直处于相对和平、稳定的发展时期。梁中大同二年（547年），原任东魏司徒的侯景以河南13州归降南梁。梁武帝萧衍不顾大臣们劝阻，欣然招降纳叛。于是，东魏与萧梁断绝关系，继而发兵讨伐。不久，反复无常的梁武帝又重新和东魏讲和，引发了侯景的猜忌。最终，侯景起兵反梁。来自北方、能征惯战的侯景大军所向披靡，直捣梁都城建康。梁武帝被围困于台城，活活饿死；简文帝萧纲也被侯景残害。侯景之乱给江南富饶之地造成了巨大的破坏和灾难，民众惨遭屠杀者达百万人以上。

在这国破君亡之际，庾信临危受命，率宫中文武官员1000余人屯驻朱雀航（今南京秦淮区镇淮桥东）。这些久不见战阵、平日养尊处优、擅长吟诗作文的儒雅贵族官员，"细皮嫩肉，骨头柔脆，不能步行；体质羸弱不堪，不能忍受严寒酷暑"（《颜氏家训·涉务》）。这个时候，身负重任的贵族官员突然遭遇高举长槊的铁盔银甲骑士，有人直接将骏马认作猛虎，一触即溃。庾信只好乘着一叶轻舟，在烟波浩渺的长江上东藏西躲，侥幸保全了性命。

南梁建康失陷后，萧衍的几个儿子并不着急为父报仇，而是各自拥兵自重，为争夺梁国皇位而互相厮杀。后来，萧绎在江陵勉强拼凑了一个小朝廷，他就是后来的梁元帝。梁元帝派世子萧方诸以中抚军衔领兵镇守郢州（今武汉武昌），派自己的亲信颜之推作为外兵参军，辅佐萧方诸。侯景攻陷郢州，颜之推被俘，在侯景行台郎中王则的保护下幸免一死，被侯景囚禁在建康。梁元帝消灭了侯景后，颜之推回到江陵，被萧绎委任为散骑侍郎，负责校书，依然是萧绎的幸臣。

此时萧梁已经气息奄奄，元气大伤。一直虎视江南的西魏也乘机对萧梁王朝展开强大的攻势。梁承圣三年（554年）夏秋之交，曾主动出击侯景遭遇惨败而投奔江陵的庾信，奉梁元帝之命出使西魏，以谋求西魏减轻对其军事压力。庾信怀着"申包胥哭秦廷"的决心，慷慨北上。不料，这年十月西魏已经攻占巴蜀地区，扼住长江上游，派战船顺江而下，很快攻占了江陵。南梁灭亡以后，萧衍的孙子萧詧依靠西魏势力建立了后梁。梁大将陈霸先在建康扶植14岁的萧方智为帝，后又取代梁，建立南朝最后一个政权——陈朝。因此，庾信到达长安后，已经成为一名亡国之臣，不但失去了与西魏对等谈判的地位，甚至失去了使臣的资格。从此，庾信只能滞留长安。庾信在长安并未遭受屈辱，反而受到隆重的礼遇。西魏朝野仰慕庾信的文才，又敬佩他为国奔走的赤胆忠心，文人贵戚都以与其交游为荣耀。然而，被长期扣留长安，庾信感到无比愤慨和耻辱。

西魏攻占江陵，俘虏南梁郎官和贵族3万余人，全部带回了长安，其中就有再次成为俘虏的颜之推。西魏丞相宇文泰看在庾信的面子上，对这些俘虏予以释放。颜之推到了长安之后，西魏大将军李显庆非常器重他，就让他到弘农掌管其兄的书翰。作为亡国之臣，颜之推耻于做西魏的臣属。此时，正好赶上黄河水暴涨，颜之推就带着妻子乘船冒险通过砥柱（位于河南三门峡以东黄河急流中），逃往北齐。颜之推被北齐文宣帝任命为"奉朝请"，得以侍从齐帝左右，地位依然很高。后来，又升任中书舍人，掌管奏议。在北周武帝灭齐之际，颜之推建议齐帝投奔陈国，但是，丞相高阿那肱不愿归陈。颜之推被任命为平原太守，驻防黄河渡口。

庾信滞留长安后不久，西魏便被北周取代。王朝更替，更令其感慨万千！尽管北周武帝是鲜卑贵族，但早已抛弃种族的偏见，不拘一格广泛招揽人才，礼敬读书人。庾信也顺理成章地参政任职，先被任命为洛州刺史，而后晋升为骠骑大将军，授以文官最高职衔"开府仪同三司"，因此后人尊称他为"庾开府"。北周建德六年（577年），北齐被北周武帝所灭，颜之推再次被俘虏。颜之推归降北周后，也受到北周武帝的礼遇，出任御史上士。隋文帝开皇元年（581年），隋代北周而立。庾信于此年病逝，享年68岁。颜之推被隋太子杨广征召为学士，显赫一时。大约10年后，颜之推在长安去世，享年60岁。颜之推一生命运极为曲折，曾经自叹："三为亡国之人。"

庾信与颜之推作为名噪一时的文士，很可能在萧梁或西魏、北周朝廷见过面，但是文献并没有关于他们之间交往或相互评论的任何记载。因此，庾信与颜之推之间可能是故意回避提到对方，甚至有学者怀疑颜之推对庾信有鄙夷之意。庾信与颜之推同为南朝梁贵族出身的文人雅士，且长期羁旅北朝，都怀着思乡之苦，二人却彼此隔膜，应该源于年龄、学问、经历、处世观的不同。

庾信在居留长安的晚期完成了其代表作《哀江南赋》，这是一部划时代的巨作。与其相似，颜之推则有《观我生赋》。二文都讲述了侯景之乱和江陵之祸等的前因后果，是亡国思乡、悲叹个人遭遇的经典名篇，饱含了二人的真情实感。但二文在内容和思想上有很大的差异，这与二人的经历有关。侯景攻建康时，史载，等到侯景大军到来之时，庾信率先逃跑。台城陷落以后，庾信逃奔到了江陵。可见，此次战役庾信几乎是不战而逃，可能并没有看到建康城被毁的惨状。然而，在《哀江南赋》里，庾信却将守城之战写得极为悲壮，但这其实并非庾信的亲身经历。庾信从建康逃往江陵的记载，《哀江南赋》却是实录。与庾信一样，侯景之乱时，颜之推驻扎郢州，并未看到侯景攻入建康城的情景。但是，两年后颜之推作为侯景的俘虏被押回建康，却目睹繁荣的都城被战火摧毁后的惨状。西魏攻陷江陵时，颜之推又见证了江陵被毁的全过程，而庾信此时已经作为使者被梁元帝派往长安，并没有真切体会到亡国的惨痛。二人都流落北朝，颜之推是被俘虏去的，尝尽了屈辱和苦痛，而庾信是作为使者，境遇自然比颜之推要好。虽然庾信《哀江南赋》也提及北上的情况，但记载大多来自传闻或想象。北齐灭亡后，颜之推再次作为战俘被押往长安。而此时，庾信已经在长安生活了很多年，享受着优厚的待遇和安稳的生活。因此，颜之推所经历的亡国之痛，作为俘虏的耻辱和苦难，庾信可能大多没有体验，故而颜之推对于政治、战争、亡国和颠沛流离的感受要比庾信深刻得多。

庾信与颜之推经历不同，年龄差距也很大，因此进入北朝后心态有很大的差异。侯景之乱使庾信的个人生活蒙受了巨大不幸，失去二子一女，老父不久也辞世，这都震撼了他的心灵。庾信长期滞留长安更容易令人理解，并获得同情。因为庾信是奉命出使西魏，意外地被扣留在长安。不久萧梁又被陈朝所取代，庾信只能被迫羁留长安，对故国魂牵梦萦。庾信的失节，带有更多的不情愿和被逼无奈。北周和南陈通好后，羁留北方的南人纷纷回到江南，只有庾信被留下，这使他更加悲伤，因此"还思建邺水，终忆武昌鱼"（《奉和永丰殿下言志》十首之八）。

庾信到了长安后所受到的优待和礼遇也多是由于在南朝的名气。被强留长安后，庾信在敷衍应酬中消磨时光，很难彻底弃旧图新、改弦更张。年龄大了也容易留恋故土，更加思念江南的青山绿水，很难扎根北方。当然，进入长安前后，由于生活环境的改变、人生遭遇的变迁、对民生疾苦的感受，以及长安文化的熏陶，庾信的文思在苦难中产生了质的飞跃，像在火中涅槃的凤凰一样，焕发出脱胎换骨的新姿。前期在梁，庾信的作品多为宫体性质，轻艳流荡，富于辞采之美；羁留长安后，庾信创作的诗赋抒发了自己对故国乡土的怀念，以及对身世的感伤，风格变得苍劲、悲凉。

颜之推逃到北齐时只有23岁，正是人生最具活力、锐意进取的时候。他渴望能够在北齐建功立业，有所作为，因为"年少职微"的颜之推并无"老本"可吃，也没有太多的负担和不适。颜之推的人生信条就是奋斗，他曾经说过："父兄不可常依，乡国不可常保，一旦流离，无人庇荫，当自求诸身耳。"（《颜氏家训·勉学》）北周灭了北齐之后，颜之推再次被俘，这次是山河鼎革。为了"立身扬名"，他毫无顾虑地出仕于北周。因此，庾信是个衣食无忧、率性而发的文人，而颜之推则更像一个文人兼政客。

"三为亡国之人"，饱尝离乱之苦的颜之推有着刻骨铭心的亡家灭国之痛，深刻感受到"百无一用是书生"，看不上玄学盛行之下贵族文人崇尚的纸上谈兵、侃侃"清谈"，更不喜欢风花雪月的骈文丽句。确实，南朝尤其是萧梁文人，许多是不涉世务的贵族，喜欢吟花草、弄风月，在文学上也有脱离现实和政治的倾向。因此，颜之推最终结合自己的人生经历、处世哲学,写成《颜氏家训》一书来训诫子孙。颜之推在《颜氏家训》中批判当时的士大夫教育腐朽没落,严重脱离实际,培养出来的人庸碌无能,知识浅薄,缺乏处理事情的实际能力。颜之推认为传统的儒学教育必须大力改革,培养的既不是难以应世经务的清谈家,也不是空疏无用的章句博士,而是于国家有实际效用的各方面人才,包括朝廷之臣、文史之臣、军旅之臣、篱屏之臣、使命之臣、兴造之臣。这些人才应专精一职,具有应世经务的能力,是国家切实需要的人才。

庾信死后,其子庾立世袭爵位。隋朝末年,庾立不幸被陇西军阀薛仁杲所俘。因为庾立不肯投降,薛仁杲竟将其在火上分尸,然后一点点地割下肉来让军士们吃。其后,长安庾氏便销声匿迹了。颜之推到了长安后,在其名著《颜氏家训》的训导下,其子孙在长安繁衍出一个影响深远、人才辈出的颜氏家族。颜氏家族从孔门头名弟子颜回开始,一直书香门第、诗礼传家,成为中国历史上非常重要的一个世代相传的文人集团,到了唐代更是遍布大江南北,例如颜之推孙颜师古、五世孙颜真卿。从颜之推开始的长安颜氏家族为长安文化增添了光彩,而底蕴深厚的长安文化又有助于这个家族的人才成长和发扬光大,二者可谓相得益彰。

五、多民族融合下的文化
——"胡化"与"华化"的二重变奏

魏晋南北朝时期,长安乃至关中地区民族关系极为复杂,来自四面八方、处于不同发展阶段的民族都涌入这个饱受战乱摧残的"天府之国"。多民族文化之间不断融合,既有作为主流的异族汉化进程,也有不可忽视的胡化特色,二者之间双重变奏,共同缔造了隋唐时代灿烂、包容的中华文明。

东汉末年,羌族已经大量迁移到长安附近各郡县。到了西晋,据江统在《徙戎论》中说"关中之人,百余万口,率其少多,戎狄居半",羌、氐人口在关中占据很大比重。永嘉之乱后,匈奴、鲜卑、羯、氐、羌等异族南下,汹涌进入内地。十六国时期,来自四面八方的民族都聚集到了关中地区,氐族主要屯聚于今天三原至扶风、千阳、陇县等渭河以北地区，处于长安西北方向；羌族主要聚居在今天铜川、耀州区东至大荔、韩城，再北至陕北的富县、黄陵、黄龙、绥德、米脂等地；匈奴屠各部主要分布于关中西北地区；卢水胡在关中西北的马栏山一带；鲜卑人集中在长安附近；乌丸等在冯翊（今陕西大荔）一带。在这些异族中，氐族汉化较早，以农耕为主，很早就成了国家的"编户"；羌族半农半牧，汉化也较早；匈奴较早迁入关中地区，后来建立前赵；鲜卑大概于西晋后期大量进入关中地区，当时尚处于氐族部落联盟阶段，以游牧为生。事实上，十六国时期逐鹿关中原者远远不止我们一般所说的"五胡"。另外还有山胡、稽胡、柔然、丁零、高车、月支胡等，以及西域各部族散居于关中各处。据《太平御览·秦书》记载，苻坚统治时期，四方的民族都来臣服，聚集在关中地区，不同人种相貌差异很大。晋人品评道：西域胡人高鼻梁，东方的异族大脸盘、宽额头，北方异族方脚面，南方异族脚背高。

各少数民族控制关中不同地域，汉化程度不同，政治制度差异巨大，与汉族以及彼此之间隔阂也较深，经常兵戎相见。由于关中地区战略地位重要，物产丰盛，更是成为各族争斗的战场。据统计，魏晋南北朝时期关中的民族战争共有大战18次，小战不可胜数。因此，魏晋南北朝时期，长安周边及关中地区无疑是民族关系最

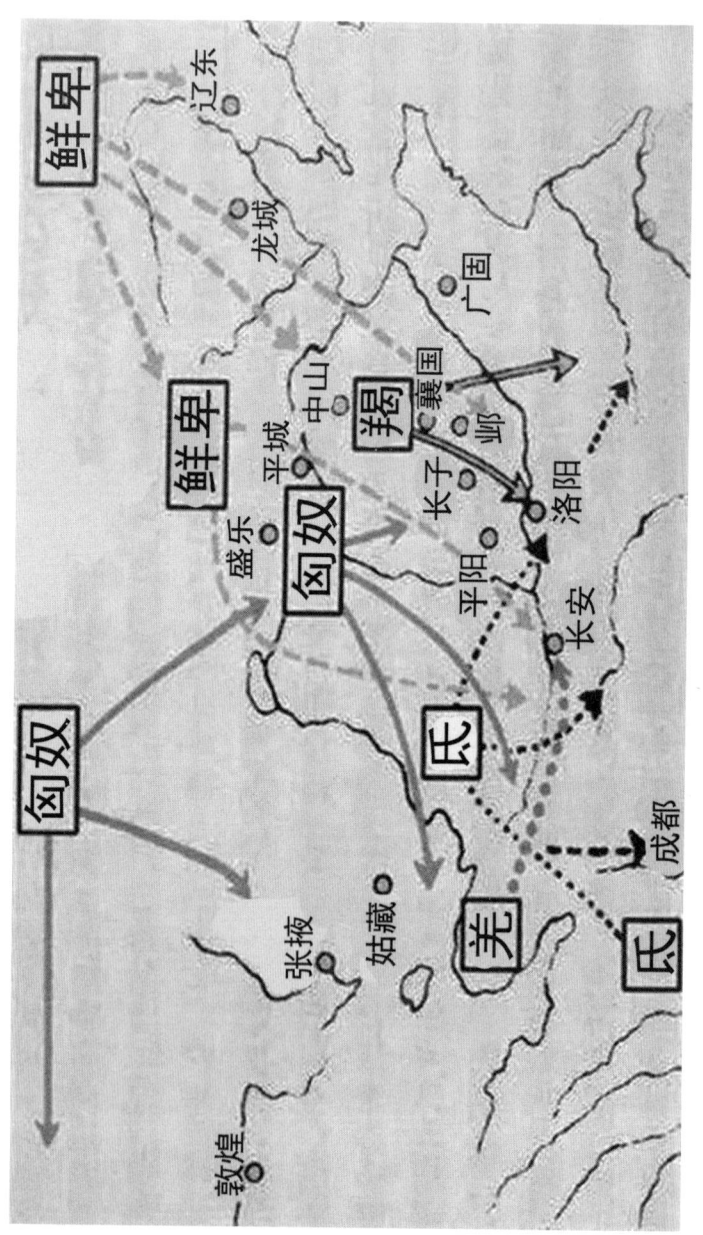

西晋内迁各族分布图

复杂、民族矛盾最尖锐、政治最混乱的地区。

当然，不同民族间也彼此友好交往，共同繁荣、进步。不少异族统治阶层采用汉人的制度和意识形态来加强统治，积极学习汉族的文化和价值理念，以及生产和生活方式，即"汉化"；同时，大量外来文化和习俗进入汉民族的生活之中，潜移默化地影响了其生活方式，即"胡化"。事实上，异族的"汉化"与汉族的"胡化"程度同样明显，意义同样重大，而且表现在从"形而上"文化意识形态到"形而下"日常生活的各个层面，从而使得这一时期的关中文化具有不同于关东与江南文化的特点。

魏晋南北朝时期，迁居关中的异族原来大多生活在草原之上，"逐水草而居"，其经济、政治、文化较为落后，很多尚处于氏族部落联盟阶段。进入关中之后，其在风俗习惯和生活方式上仍然保留着塞外游牧部落的旧习。为了统治关中地区及数量巨大的汉人，其统治方式和生活方式必须汉化。

刘曜取代前汉，改国号为"赵"，本意是要消除前汉依托中原汉王朝的政策，恢复其匈奴王朝的本质。但是，前赵刘曜比起前汉，其"汉化"倾向更加突出和明显。前赵政权通过对关陇、并州的西晋残余势力和羯、氐、羌、巴等长期的征服战争，把被征服的数十万人迁徙至前赵都城长安。刘曜在位期间，实行汉胡分治政策，同时又积极采取民族融合和文化同化政策。刘曜自己在长安称帝，作为北方汉、胡各族的正统统治者，而儿子刘胤则以匈奴大单于的身份统治胡人。刘曜积极推行儒学，在长安设立太学和小学，聘请当时著名学者传授儒家文化，当时学生多达1500多人。刘曜又建立租赋制度，构建类似中原王朝的官僚体制。因此，匈奴刘氏所建前赵政权应是汉胡结合的中国封建政权之一。

氐族是汉化程度较高的民族。前秦苻坚的"汉化"政策，以加强中央集权为主要目标。当时的氐族旧贵族势力强大，他们无视法典、政令，以致当时的始平有很多西迁回来的氐族人，豪门大族横行不法，大肆劫掠的盗贼到处都是。苻坚任用王猛为始平令，"申明法令，严刑酷法，明察忠奸善恶，严厉约束豪强大族"（《晋书·王猛传》）。苻坚命令斩杀世家大族领袖樊世，嚣张的氐族贵族遭到严厉打击，他高兴地说："我今天才知道天子拥有号令天下的法令，才能得到万民的尊崇！"同时，苻坚很重视儒家教育，在长安设立各级学校，命令官员子弟必须进学校读书，并且对品学兼优者予以重奖。他坚持每月都到太学亲自参加学习，与博士讨论经学，并考核学员。

魏晋南北朝时期，异族政权"汉化"最彻底、最激进者莫过于北魏。拓跋氏是鲜卑族中相对落后的一支，原来过着游牧的生活，保持着血缘群体组织。建立正统王朝后，认识到"汉化"是大势所趋，北魏统治者积极吸收汉族豪强，如拓跋珪时的上谷张衮、清河崔玄伯，拓跋焘时的崔浩、寇谦之等，使其成为"汉化"的主要推动者。当然，北魏的"汉化"并非孝文帝的独创，而是带有明显的延续性。前期统治者的"汉化"带有不自觉性和不系统性，北魏孝文帝迁都洛阳后则推行了系统的"汉化"和儒化政策，包括禁断胡服，改穿汉服；禁断北语，改说汉话；改为中原人士籍贯和姓氏；禁止鲜卑族内部通婚。北魏孝文帝这一系列激进、有力的措施也扩散到北魏统治的关中地区，有力地推动了关中各民族间的交流和融合，极大地巩固了北魏在关中地区的统治。

西魏、北周政权汲取北魏孝文帝激进汉化措施带来政治震荡和破坏力的教训，其"汉化"要温和、智慧得多。宇文泰实行鲜卑与汉族休戚与共的措施，其"汉化"政策最为成功。通过府兵制改革，下层有财产的汉族农民担当府兵，扩大了军队的社会和民族构成。上层实行权力共享，鲜卑与汉族贵族通婚，形成关陇集团。正如陈寅恪先生在《隋唐制度渊源略论稿》中所说："宇文苟欲抗衡高氏及萧梁，除整军务农、力图富强等充实物质政策外，必应别有精神上独立自成一系统之文化政策，其作用既能文饰辅助其物质即整军务农政策之进行，更可以维系其关陇辖境以内之胡汉诸族之人心，使其融合成为一家，以关陇地域为本位之坚固团体。"

魏晋南北朝时期，异族除了在国家上层建筑和思想意识形态上积极推进"汉化"外，普通民众在生产、生活方式方面的"汉化"更是革命性的。尽管这方面的历史记载不多，但是包括"五胡"在内的异族名称全部从历史上消亡，就是铁的证据。事实上，民族之间的"同化"总是双向进行的，胡族"汉化"同时也是汉人"胡化"的过程。所谓"胡化"，是指在长期的经济、文化交流中，汉人在生产、生活中潜移默化地吸收了异族的习俗。实际上，古代游牧文明在长期的发展中，逐渐形成了与其经济、生活方式相适应的独特的文化，文学、艺术、宗教、哲学、风俗等具有其自身的优势，这些也是华夏文明应该积极吸收的。每一次"汉化"都伴随着"胡化"，二者此弱彼强、交替出现。只是"汉化"一般自上而下，"胡化"往往反之。

早在东汉末年，就出现了汉人的"胡化"潮流。《后汉书·五行志》载，汉灵帝喜欢胡服、胡帐、胡床、胡坐、胡饭、胡箜篌、胡笛、胡舞，京城里边的贵族外戚都争着效仿。东汉灵帝有着强烈的好奇心，对胡人的生活方式很感兴趣，包括胡人的服装、胡人的帐篷、胡人的高足家具、胡人的饮食、胡人的乐器、胡人的舞蹈等。在皇帝的倡导下，都城的达官贵人竞相仿效，于是兴起了汉人"胡化"的风气。到五胡十六国时期，"胡化"风气达到顶峰。

"胡床"是胡人发明的座椅，也称为绳床、交椅、交床、逍遥座、折背样、倚床等，类似于今天的马扎，可能由中亚传入中国。上古时代，汉人没有椅子、凳子等器具，也没有垂足而坐的习惯，一般都是席地而坐、跪坐或盘腿而坐。"筵席"一词与席地而坐的习俗紧密相连。举行宴会时，在地上要铺大的"筵"，再铺上作为坐具的小的"席"，中间有矮足的几、案。这种筵席方式，至今在日本、韩国依然流行。跪坐很不舒服，但是双脚前伸的坐法被称为"箕踞"，是极不恭敬的失礼举动。由于"胡床"极大地提高了坐卧的舒适度，受到汉族贵族的喜爱。至少在东汉末年，胡床已经传入中国。魏晋南北朝时期，胡床自北而南广泛流行，已经成为一种常见的坐具了。高足家具的兴起，终于改变了汉人席地而坐的习惯。胡床及高足家具流行后，汉人就不再席地而坐，宴饮搬到了高高的桌子上，"筵席"的说法虽一直沿用下来，但已经失去了本意。

魏晋南北朝时期，骑马的游牧民族不断南下，把畜牧及其有关生产技术带到了中原地区。约在十六国时期，在中国东北方的草原地区就可能开始出现马镫。到了4世纪，马镫也传入了中国南方。"马镫把畜力应用在短兵相接之中，让骑兵与马结为一体"，彻底改变了古代的战争形态，甚至可以说改变了历史的进程。另外，据北魏贾思勰《齐民要术》记载：魏晋南北朝时期，牛马骡羊等牲畜的饲养和役使方法、兽医术、相马术，以及制作毛毡、奶酪、油酥的技术，逐步为汉人所接受。贾思勰还谈到胡人的饮食习惯对汉人的影响，《齐民要术》中提到的"胡物"有：胡饼、胡椒酒（筚拨酒）、胡饭、胡羹、羌煮等，可见中原地区的汉人已经把胡人的饮食习惯融合到日常生活之中，甚至接受和采用了烧烤兽肉、制作奶酪为饮料的胡人习俗。

魏晋南北朝时期，胡语、胡歌、胡乐、胡舞、胡戏也在中国北方流行，给这一时期的中原文化增添了新的活力和色彩。当时，北方汉人子弟以学习胡语为时髦，于是北方汉语中充斥了"胡虏"之音，这些语言习惯可能逐渐融入汉语之中。胡乐对华夏音乐的影响也极为深远，胡笳、羌笛、琵琶等乐器从漠北、西域等地区传入，使中国传统音乐更加丰富多彩。前秦末年，吕光曾经远征西域，获得筚篥、腰鼓、答腊鼓以及龟兹乐曲。可以想象这一时期华夏大地上胡歌、胡乐盛行的景象。唐代的《十部乐》则可以看成是汉胡互化在乐舞方面结出的累累硕果。

魏晋南北朝时期，不管是胡人的"汉化"，还是汉人的"胡化"，最终形成了北方民族大融合。北方民族大融合，使北方最终战胜南方。西魏、北周政权由于更好地融合了异族文化和儒家文化，才逐渐强大起来，为隋王朝的大一统打下坚实的基础。同时，北方民族大融合也是诞生隋唐两代的基本前提，是隋唐两代走向鼎盛的根本原因。正如陈寅恪先生所言："李唐一族之所以崛兴，盖取塞外野蛮精悍之血，注入中原文化颓废之躯，旧染既除，新机重启，扩大恢张，遂能别创空前之世局。"正是不同民族文化的交流融合为华夏文明的发展注入了新的血液。唐代平等、和睦的民族政策，兼收并蓄、恢宏大度和充分的外交自信，多元灿烂、丰富多彩的文化艺术，所向披靡、称霸亚洲的强大军事力量，无不与魏晋南北朝时期的民族融合有密切的关系。魏晋南北朝民族大融合，特别是长安及关中地区民族大融合为中国历史的发展提供了强大动力。在文化的交流和融合中，中华文化的内涵不断更新，逐渐形成了多元文化共同体。

结　　语

如果利用现代科技真能发明一台时空穿梭机，轻快地按一下返回键，回到中国的魏晋南北朝时代（220-589年），我们一定会为自己所见到的一切心惊不已！那个时代，最令人惊异的是曾经有那么多操持着奇怪的语言、穿着异样的服饰、尊崇着陌生宗教的异族，从西方、北方和东方跋涉而来，来到孕育华夏文明的中华大地定居下来。民族的差异性导致了激烈的争斗，繁华的城市化为了废墟，一幕幕悲欢离合的故事不断上演。但是，不同民族在彼此间的苦痛争斗中不断融合和成长，异族领袖凭借武力建立了一个个政权，接受了汉人创造的物质和制度文明；汉族也接受了外族便利的器物、饮食和思想文化，不同民族最终凝结在一起，也一起创造了绚丽多彩的文化。

这个混乱时代的源头要追溯到东汉末年，汉政权的腐败导致了黄巾大起义，自此如同打开了"潘多拉盒子"，灾难接踵而至。先是三国时代，魏、蜀、吴消灭了众多的地方割据势力，逐渐形成三国鼎立的局面。三国彼此争强，尔虞我诈。举国之内烽烟四起，战争不息。之后，司马氏的晋取代了曹魏，最终实现了中国短暂的统一，但是由于晋惠帝的愚蠢和诸王的贪欲，这出历史"喜剧"马上变成了"悲剧"。西晋王朝在"八王之乱"的内耗中轰然坍塌，来自北方的所谓"五胡"汹涌而至，匈奴、羯、鲜卑、羌、氐等民族相互厮杀不断，众生的苦难如同不断汹涌而来的海浪，无休无止。这些异族不断融合，逐渐接受了汉文化，建立了16个主要的区域性的政权。4世纪后期，鲜卑在平城（今山西大同）建立北魏政权，由太武帝拓跋焘统一了北方，接着又经历了孝文帝改革，成为与南朝分庭抗礼的强大政权。由于北魏内部的分裂，随之发生"六镇起义"，北魏分裂为东、西魏。后来西魏又被北周取代，并打败了取代东魏的北齐，从而统一了北方。北周统一北方和制度改革则为隋唐帝国的建立奠定了坚实的政治和经济基础。

西晋灭亡以后，中国北方沦入外族之手，晋帝国余部则被逼到黄河以南地区。悲痛欲绝的南迁汉人很快在富庶的江南"沉沦"，收复北方河山的雄心壮志逐渐幻灭。偏安江南的东晋时刻被内部分裂的威胁笼罩着，同时还要面对不断崛起的北方异族政权的威胁。淝水之战中，信心满满的前秦苻坚兵败如山倒，前秦的分崩离析使东晋获得喘息的机会。刘裕的北伐成为东晋收复中原的"绝响",也为东晋时代画上了句号。东晋灭亡后,中国南方进入南朝(420—589年,由宋、齐、梁、陈四个相继的政权构成)时代。然而,统一中国的重任并没有由自诩为华夏正统的南朝诸政权所承担,而为有着"夷狄"血统的西魏以及北周、隋接力完成。

简单回顾魏晋南北朝的历史后,让我们将视线转回到本书关注的焦点,那就是曾经作为西汉旧都的长安(今陕西西安)。长安位于关中地区的核心地带,气候适宜,水资源丰富,自然条件得天独厚。在这种条件下,长安周边农业条件优越,物产较为丰富。而且,长安正好位于函谷关东西交通干道与武关南北干道的要冲,便于控制西北地区和中原地区,地理位置极为重要。同时长安四面均有险可守,易守难攻,是古代都城的不二选择。秦汉时代,长安地区作为中华帝国的中心,创造了辉煌的文明。

两汉交替之际,王莽篡夺汉室,又有绿林赤眉大起义席卷天下,长安周边成为各方势力交战的主战场,于是长安城遭受严重的破坏。东汉建立后,鉴于长安遭到严重破坏,关中地区的经济发展滞缓,刘秀不得不定都洛阳。这一时期,东汉帝王定期到长安祭扫关中帝陵,并修复了一些遭到严重破坏的宫殿。此时的长安毕竟不是都城,并没有得到大规模的修复和重建,政治地位、规模和繁荣程度无法与洛阳相比,已经失去了昔日帝国统治"心脏"地位的荣耀。当然,丧失了都城地位的长安作为东汉的"西京",仍然有着重要的政治和军事价值,地位仅次于都城洛阳。

历史推进到东汉末年,动荡的政局再次将长安推到了历史的旋涡之中。东汉初平元年(190年),西北军阀董卓应何进的"邀请",打着诛杀专权宦官的旗号,率军进入洛阳,用暴力控制了东汉政权。为了彻底掌控朝政,董卓将汉献帝从洛阳挟持到长安,长安在汉帝国的余晖中继续做了6年的都城。其后,董卓余部在长安周边地区与反董卓联军展开惨烈的军事厮杀,民众遭到荼毒,长安城再次被破坏。

西晋完成了统一中国的重任,仍然在洛阳建都。永嘉五年(311年),都城洛阳被匈奴人刘曜攻占,晋怀帝被俘虏。建兴元年(313年),西晋愍帝司马邺在长安即位,希望偏安西北,以延续西晋王朝。但是好景不长,建兴四年(316年),刘曜又围攻长安,愍帝出降,西晋灭亡。

"五胡十六国"时代,古都长安及昔日号称"天府之国"的关中地区变成了群雄逐鹿的战场。这一时期,有十余个民族在长安先后建立了政权,频繁的政权更迭导致战争不息,长安城兴废不一。匈奴人刘曜建立的前赵是第一个定都长安的区域性大国,但是统治短暂。氐族人在长安建立的前秦政权则是统一北方的大帝国。苻坚通过改革，不断壮大实力，史称"关陇清晏，百姓丰乐"。前秦强盛后，苻坚有意一统天下。东晋太元八年（383年），苻坚南征，由于太过轻敌，淝水之战前秦大败，前秦不但未能打败东晋，反而迅速土崩瓦解，错失了统一中国的时机。

南北朝时期，关中再次焕发出生机和活力，长安城再次成为中国北方各族的政治、经济和文化中心。北魏孝文帝统治时期，都城由平城（今山西大同）迁到了洛阳，管辖长安及关中更为便利。北魏分裂后，东、西魏相互对峙，西魏定都长安，凭借关中的地理优势，并推行了均田制、府兵制等，促进了经济的发展和军事的振兴。取代西魏的北周最终打败了取代东魏的北齐，统一了中国的北方地区，为隋统一中国奠定了基础。可见，正是由于西魏（北周）能够定都长安，经营关中，使得长安爆发出巨大的潜力，不仅为中国的再次统一奠定了基础，也为隋唐帝国的建立创造了条件。

在传统历史话语体系中，谈及长安的历史，人们往往言必称汉唐，对魏晋南北朝时期的长安城则缺乏应有的重视。事实上，尽管东汉、西晋和北魏都定都洛阳，但是作为西北重镇的长安也具有举足轻重的地位，是仅次于都城的重要城市。当缺乏军事防卫能力的洛阳一旦失守，长安就必然成为首选的都城。当然，由于魏晋南北朝时期频繁的战乱、政治局势的动荡，长安城始终未能恢复昔日繁荣。但是，这座伟大的城市并没有因为残酷而漫长的战争而消亡，或一蹶不振，而是在不断斗争中逐渐焕发生机，积蓄着力量，在一片废墟上逐渐开始复苏。因此，魏晋南北朝是一个继往开来、承上启下的时代，长安的复兴也预示着一个伟大时代的到来。

西安号称十三朝古都，汉、唐帝国固然定都于此，国运长久，对中国历史进程影响巨大。但是，如果从定都王朝的数量来看，"十三朝"中却有6个王朝属于魏晋南北朝，除西晋愍帝朝外，还有十六国中的前赵、前秦、后秦及北朝的西魏、北周。以上这些王朝先后建都长安，共计有129年的历史。这些王朝的一个明显特征是统治时间较短，如西晋愍帝为4年，前赵有11年，前秦为33年，后秦为34年，西魏为22年，北周为25年。另一个特征是，这些王朝统治区域也不一致。一些政权只是占据关中一部分地区，如前赵、后秦；另外一些则是统一北方的帝国，例如前秦、北周。尽管统治时间不长，区域不一，但这些政权都为保存和恢复长安城的生命力做出了巨大的贡献。

魏晋南北朝的长安及关中地区也是多民族文化交流融合的中心，多元文化在此结出了丰硕的果实。魏晋南北朝的分裂、混乱局面持续了将近400年，不同的民族陆续占据了这座曾经产生过伟大文明的都市。他们用血与火涤荡着残存的城市遗迹，在瓦砾之上重建自己的政权，繁衍着子孙，书写着属于自己的历史。不同民族在激烈的文明冲突和对抗的苦痛中发展，不同民族的文化不断交流和融合，"汉化"和"胡化"在双重变奏中最终开启了一个全新的时代——隋唐盛世。

魏晋南北朝是一个复杂而多变的时代，在晦暗的历史行进中变得模糊不清。正因为这样，才令人产生无限的遐想。那个时代既有异族间残酷的战争杀戮，也有诡秘的皇室密谋和暴虐，还有不合时宜、曲高和寡的清谈玄言，令人羡慕的魏晋名士的风流潇洒，以及让人仰视的远大志向和英雄主义。但是，对于今人而言，这段离奇、曲折、充满血与泪的历史，却因为史乘缺失、遗迹难觅。

本书采用"史说"的形式，尽量采用通俗易懂的语言，结合当前魏晋南北朝和长安研究中的最新学术成果，将历史重新拉回到那段血与火的岁月。当然由于相关史料的缺失和不足，本书并不重在考察长安历史的变迁和文化遗迹，而是以魏晋南北朝时期与长安有关的人物和事件为中心展开叙述，试图从中挖掘那段历史的某些片段。希冀读者能够忆古追今，不忘历史，珍惜当今和平、美好的生活！

王效锋